金道律师事务所
BRIGHTEOUS LAW FIRM

诉之有道

金道典型案件和项目承办策略与技艺（2022）

顾　　问／胡祥甫　王全明
主　　编／崔海燕
执行主编／赵青航　黄　亮
执行编辑／郭天奇　何　伟　夏文忠
汪义山　史庭来　徐晓阳

SEEKING THE BEST SOLUTION FOR OUR CLIENTS

法律出版社 | LAW PRESS
北京

图书在版编目(CIP)数据

诉之有道：金道典型案件和项目承办策略与技艺．2022／崔海燕主编．--北京：法律出版社，2022

ISBN 978-7-5197-7210-9

Ⅰ．①诉…　Ⅱ．①崔…　Ⅲ．①民事诉讼—案例—中国
Ⅳ．①D920.5

中国版本图书馆CIP数据核字(2022)第193693号

诉之有道：
金道典型案件和项目承办策略与技艺(2022)
SUZHIYOUDAO：
JINDAO DIANXING ANJIAN HE XIANGMU
CHENGBAN CELUE YU JIYI(2022)

崔海燕　主编

责任编辑　李争春　陈　熙
装帧设计　汪奇峰　臧晓飞

出版发行　法律出版社
编辑统筹　法规出版分社
责任校对　张红蕊
责任印制　耿润瑜
经　　销　新华书店

开本　710毫米×1000毫米　1/16
印张　13.75　　**字数**　176千
版本　2022年12月第1版
印次　2022年12月第1次印刷
印刷　天津嘉恒印务有限公司

地址：北京市丰台区莲花池西里7号(100073)
网址：www.lawpress.com.cn
投稿邮箱：info@lawpress.com.cn
举报盗版邮箱：jbwq@lawpress.com.cn

销售电话：010-83938349
客服电话：010-83938350
咨询电话：010-63939796

书号：ISBN 978-7-5197-7210-9　　**定价**：88.00元

凡购买本社图书，如有印装错误，我社负责退换。电话：010-83938349

序　律师参与诉讼前纠纷化解，亦是一种“诉之有道”

2015 年，金道所在法律出版社出版了两本《诉之有道》案例集，分别是民商事和刑事经典案例集。自 2019 年开始，作为一家在争议解决领域较具优势的规模所，金道所决定每年出版一本《诉之有道》。一方面呈现上一年度律师承办的典型案例和项目，展示金道律师精湛的办案功底和技艺；另一方面也向读者揭示金道律师是如何在个案和项目中努力为客户寻求法律问题的最佳解决之道，并获得当事人和社会认可的。

金道所成立 16 年来，金道律师在办案中努力坚守“守信如金　为业载道”的理念。金道所更是以《诉之有道》为载体，不断推动总分所的律师们不仅在诉讼或仲裁案件中尽心尽责代理，而且在非诉讼项目中亦尽职尽力地提供优质的法律服务。我认为，无论是诉讼案件还是非诉讼事务，金道律师都需要努力维护客户最大的合法权益。这就是金道所倡导的“诉之有道”，即 seeking the best solution for our clients。

在此，我想和大家分享的另一种“诉之有道”，就是律师如何不打官司即帮助客户化解纠纷，实现客户权益最大化。这是我 10 年来不断思考和实践的问题。我曾经三赴海外培训，20 年前便已了解美国 90% 以上的诉讼不会走到庭审，而是在证据开示后，双方预判案件结果并比较成本后，作出和解或调解的理性选择。事实上，随着证据的展示和类案检索的普及，很多案件的结果是可以预见的，与其走到庭审并等待最后的判决，不如思考是否可以根据客户的实际需求，及时和解或调解。正如德国民事诉讼法学家罗森贝克所言："如果可能，律师应使纠纷在庭外解决，他应当实际地分析诉讼机会和诉讼风险，尽可能降低诉讼成本……"① 毕竟司法是社会正义的最后一道防线，诉讼解决纠纷的弊端亦显而易见，如耗时、费力、成本高，不利于双方当事人恢复原本正常的交往关系，甚至通过审判也未必能够"案结事了"。我认为，律师应当加强结果导向的客户思维。

带着这样的思维，我曾帮助国内不少公司化解在境外的知识产权侵权诉讼、国际货物买卖合同纠纷、国际项目合作纠纷，以及涉及产品质量合规的境外行政处罚案件等，避免了当事人被拖入旷日持久的诉讼中，既节约了时间和成本，也避免了裁判对企业声誉的影响。

在 2021 年《诉之有道》的序言中，我讲述了一个重大疑难项目。某集团公司投资长达 10 年、金额近 30 亿元的旅游综合体项目，政府基于违反环保法律政策为由要求其限期退出。原本这会是一场"剑拔弩张"的行政诉讼，但我带领团队成员用了 2 个月的时间，通过调查项目背景、形成分析意见、提出三种补偿/赔偿方案、参与谈判等步骤，最终帮助客户与政府达成"一揽子"协议，由此成功化解了一场诉讼硬战。我想，在涉及政府的纠纷中，非诉讼方式可谓首选的处理方案。

在我从事的涉外争议解决领域中，因涉外案件没有法定审限，且疫情下的涉外送达、举证等更会遭遇不少困难，非诉讼方式也应成为首选的处理方式。2021 年，一家国内文化产业公司与我沟通，其与国外的合作对象发生纠纷。因为疫情，双方原本要合作的国内巡演不得不一再延迟，直至

---

① ［德］罗森贝克、［德］施瓦布、［德］戈特瓦尔德：《德国民事诉讼法》，李大雪译，中国法制出版社 2007 年版，第 173 页。

最后对方取消与我方的合作，据说是和另外一家知名公司签订了合作协议。让客户难以接受的是对方解约竟然不返还预付款项，称合同的约定即是如此。对于这样的案情，我的考虑是，如果按合同约定的国际仲裁，在疫情当下，客户获得裁决结果将耗时甚久，更遑论后续裁决的承认和执行所花费的时间。考虑到对方不返还款项虽有合同条款的约定，但显然有违公平的朴素法理。由此，我给客户的建议是待事实梳理清晰后，向对方发函，指出对方无理扣留款项，应予返还，否则我方将向国内的有关行业协会投诉，而且纠纷还可能会牵涉新的合作方。函件发出后，对方果然主动与我方协商。最终在我们律师的协助下，双方签署了和解协议，对方分期归还了款项。

我之所以会用这般非诉讼方式来给该案件下“处方”，是因为对方不返还款项是无理的，虽有所谓的合同约定，但违反了基本的公平原则。对方如果要在中国市场巡演，一定会在意国内的声誉，而向行业协会投诉将切中其商誉的要害之处，一旦纠纷产生，对方与第三方的合作可能会因此受阻。所以在函件的最后，我们律师充分提示了上述后果，对方自然需要权衡利弊。但我们也在函件中表明我方的目的不是仲裁，只要对方有诚意，双方就可以协商，从而将对方拉回谈判桌，给我方创造了和解机会。

此外，我认为，涉及上市公司、国企、大型公司之间的纠纷，也可以考虑非诉讼方式。近期有一则成功案例便印证了这一观点。2022 年 5 月 18 日，我收到一封邮件，是我客户的对方——国内一家上市公司法务经理给我发的签署版的《和解协议》，一个国际货物买卖合同纠纷就这样以和解的方式化解了。2022 年年初，一家德国公司联系到我们，称国内一家上市公司出售货物存在严重迟延的违约行为，导致货物到达德国后价格大跌，损失惨重。接受委托后，我立即安排团队成员仔细研究案情，细致梳理了双方联系人员多月来的微信聊天记录，从而全面了解案件过程，分析卖方是否存在变更交货期限的违约行为，买方是否存在损失，以及二者之间的因果关系。

通过梳理，我们认为，对方存在严重的违约行为，案件的焦点是卖方最终的交货行为是否意味着买方（我方客户）已经确认了新的交货期限，双方就交货期限是否达成了新的合意，从而免除了卖方之前的违约责任？德国公司如何证明对方的迟延交货给其造成了高额的损失？除了转售合同，其他的损失如何确定？

在案情和焦点明确后，我就在思考如何承办这起案件，是直接起诉还是先发律师函？也许有人会认为，律师函的效果往往不大。但我认为，这个案件有和解的可能性。一是对方是一家上市公司，比较珍视声誉；二是如果充分展示事实，对方的确存在违约，则其应会重视此案；三是案件约定的是诉讼管辖，而大公司一般不太愿意作为被告被诉诸法庭，何况是上市公司，将涉及信息披露；四是双方之前有过协商，曾经商量过金额但未果，说明对方也感觉理亏，有协商基础。于是，我和团队成员开始着手起草律师函。这份律师函与通常的催款类或警告类律师函有所不同。基于这封函件的目的需要让对方愿意与我方和解，我便将这封函件定位为一份分析报告，详细阐述事实，说清理据，让对方从函件中清楚了解其业务人员的所作所为，尤其是对方应该承担什么责任，而不是寥寥数言，这样对方不了解事实细节，无法迅速判断其是否需要承担责任、承担何种责任，以及是否需要与我方谈判。

收到这样一封详细的律师函后，对方果然回复了一份函件，阐述了观点，认为双方达成新的合意，不存在违约。针对这封回函，我安排团队律师再起草一份有针对性的回函，并将支持我方观点、驳斥对方辩解的证据（微信聊天记录的截屏）写入回函，明确告知对方若不选择协商，我方将直接诉讼。这次，对方果然妥协了，因为我们亮明的证据直接驳斥了对方的辩驳。当然，谈判是一个艰难的过程，双方对条款进行了逐字逐句的审核修改，经过多个回合，一些必须坚持的不放弃，可以放弃的不再纠缠。最终在双方的共同努力下，达成了和解。

从上述案例中，我们可以总结出一些规律，如主体中是否有政府机关、境外公司、上市公司、国企、大型公司等，对方的行为是否确实存在违约或侵权，对方是否在意自身的声誉，等等。这些需要在梳理案情后通过函件往来获悉更多信息，便于律师判断对方的想法和行动方案。

当下，法院“案多人少”的现状尚未缓解，加之疫情影响，诉讼进程相对较慢。作为律师，除了担任诉讼代理人，其实可以在法庭之外扮演更加主动、积极的角色，即在不进入法庭的情况下，协助当事人通过交换事实和理据以及沟通，寻找理性的和解方案。我相信，越是理性的主体，越容易接受这种非诉讼、不对抗的方式，这正是相较于立案后和解或调解的前置替代性争议解决方式（ADR 方式），值得我们律师不断地实践和总结。不战而和的效果对客户而言可能更好，因此律师和客户都需要转换思维，不要认为只有案子打赢了才是最好的效果，如果能在较短的时间内达到预期的效果，不失为一种更好的“诉之有道”。因此，我建议在律师参与的情况下，尽量通过律师函方式对话，双方不要走上法庭，因为我相信在商事争议中大多数人基于公平合理的原则是可以找到解决方案的。一些事实和法律适用争议很大、必须分清责任的案件，或者是需要申请财产保全的案件，才需要使用有限的司法资源来加以解决。

在全面依法治国的新时代背景下，针对中国诉讼案件快速增长的趋势，推进诉源治理成为党的十八大以来司法改革的一项重要目标。习近平总书记深刻地指出：“古人说：‘消未起之患、治未病之疾，医之于无事之前。’法治建设既要抓末端、治已病，更要抓前端、治未病。我国国情决定了我们不能成为‘诉讼大国’。我国有 14 亿人口，大大小小的事都要打官司，那必然不堪重负！要推动更多法治力量向引导和疏导端用力，完善预防性法律制度，坚持和发展新时代‘枫桥经验’，完善社会矛盾纠纷多元预防调处化解综合机制，更加重视基层基础工作，充分发挥共建共治共享在基层的作用，推进市域社会治理现代化，促进社会和谐稳定。”① 诉源治理是新时代“枫桥经验”的创新与发展。律师尤其要关注诉源治理对于源头的追溯，即从源头上减少纠纷的发生。据此，我认为，新时代律师还有一个直面中国社会现状的重要职能——推动纠纷在矛盾源头实质化解。为此，律师应当充分发挥专业优势、职能优势和实践优势，争取在纠纷尚未形成的阶段就起到预防纠纷发生的关键作用。这需要律师提升事实梳理能力、案件分析能力、结果预判能力、协商谈判能力、全案把握能力、团队协作能力，使案件能够不战而和、高效化解。这是金道律师们努力实践的方向，我也愿意将上述理念与各位律师分享。

中华全国律师协会常务理事

浙江省律师协会副会长

崔海燕

2022 年 6 月 16 日

---

① 习近平：《坚定不移走中国特色社会主义法治道路 为全面建设社会主义现代化国家提供有力法治保障》，载《求是》2021 年第 5 期。

Contents | 目录

第一部分　方法论篇

第二部分　诉讼案件和非诉项目篇

第一部分

方法论篇

国有企业刑事合规业务初探

王晓辉[1]　陈　雷[2]

[1] 王晓辉，管理合伙人，法学硕士。

[2] 陈雷，律师，法学硕士。

2018年，国资委在合规管理体系建设试点工作的基础上印发了《中央企业合规管理指引（试行）》，并针对反垄断、反商业贿赂、出口管制等高风险领域，先后印发一系列合规指南。这标志着我国国有企业合规工作全面推开。浙江省国资委印发了《省属企业合规管理指引（试行）》，明确了省属企业合规管理建设目标。

2021年12月3日，国资委召开中央企业"合规管理强化年"工作部署会，强调合规对于企业的重要性。2022年4月，为了进一步推动中央企业切实加强合规管理，不断提升依法合规经营管理水平，国资委起草了《中央企业合规管理办法（征求意见稿）》。

在国有企业"大合规"时代下，国有企业对合规的认识不断深入，合规管理建设的法律服务需求也在不断增长。笔者以刑事合规为主要视角，结合自身在刑事合规领域的相关实务经验，谈一下国有企业合规管理业务基本内容与工作方法，与诸位交流。

一、刑事合规的概念、实践样态与功能性价值

按照目前《中央企业合规管理指引（试行）》的定义，企业合规是指，企业及其员工的经营管理行为符合法律法规、监管规定、行业准则和企业章程、规章制度以及国际条约、规则等要求。[①] 有观点认为，企业合规是一种"舶来品"，发端于美国在1977年制定的《美国海外反腐败法》，[②] 而

① 参见《中央企业合规管理指引（试行）》第2条第2款。

② 参见陈瑞华：《"体检式刑事法律服务"的兴起》，载《中国律师》2018年第1期。

制度化的合规首次出现在《美国联邦量刑指南：美国法官的刑事审判手册》第 8 章的“组织量刑规则”中。[①] 企业合规诞生之初即以刑事合规的样态为外界所认知。随着社会对企业合规的认知不断深入，合规的语境也在不断扩大，已不再局限于最初防范商业腐败的目的，而旨在让企业及员工的行为维持在合乎法律、法规、规章制度乃至职业伦理规范的良好状态。

企业合规在我国的实践最早可以追溯到原银监会于 2006 年颁布的《商业银行合规风险管理指引》，之后原保监会、原证监会陆续颁布了保险、证券领域的合规指引文件。国有企业合规方面，最早的文件是国务院国资委于 2018 年发布的《中央企业合规管理指引（试行）》。另外，2018 年发布的《企业境外经营合规管理指引》围绕我国企业在境外经营的合规管理提出了全面系统的要求。目前，我国企业，特别是国有企业，在企业合规领域仍在不断探索，稳步推进。

2020 年 3 月，最高人民检察院启动企业合规监管试点工作，针对涉企案件依法作出不批准逮捕、不起诉决定或者提出轻缓量刑建议等，同时督促涉案企业作出合规承诺并积极整改落实，企业合规开始以刑事合规的样态为社会所认知。有学者认为，在我国的司法实践中，刑事合规是指蕴含企业犯罪责任模式预防转型以及涉企刑法系统整合的旨在激励企业主动实施合规计划的法律制度体系。[②]

目前，检察机关主导的企业合规改革试点工作已启动两期。随着试点范围不断扩大，实践经验的逐步积累，企业合规制度最终将形成一套成熟

---

① 参见李本灿：《刑事合规理念的国内法表达——以“中兴通讯事件”为切入点》，载《法律科学》2018 年第 6 期。

② 参见赵赤：《立足全球视野解读刑事合规内涵》，载《检察日报》2021 年 9 月 2 日，第 3 版。

的规范体系，从而为营造法治化营商环境助力。正如张军检察长所言，开展涉案企业合规改革试点的更高的目标是，“通过办好每一个案件，积极营造法治化营商环境，促进企业规范发展”。[①]

从企业的角度来看，刑事合规的功能性价值主要有四点：其一，预防刑事法律风险，通过建立行之有效的合规风险识别与防范机制，从而避免企业因触及法律底线而造成损失；其二，切割法律责任，企业通过建立和实施有效合规计划，来证明自身对于有关人员所实施的犯罪行为不存在主观过错，从而免除刑事责任；其三，有利于企业实现可持续发展，坚守底线思维方能行稳致远，如果企业因涉刑而被追究刑事责任，则可能会葬送企业的未来；其四，有效提升企业价值观，当企业合规从形式上的合规制度推进到实质性的合规文化层面，不仅意味着企业合规风险的源头得到控制，更是企业参与国内外竞争中软实力的体现。

二、国有企业刑事合规的主要内容

除企业自设立到注销各业务环节所面临的刑事风险之外，国有企业作为一类特殊市场主体，企业及管理人员所面临的监管力度更大，相应的规范体系范围也更广。国资委于 2022 年 4 月 1 日发布的《中央企业合规管理办法（征求意见稿）》，在 2018 年《中央企业合规管理指引（试行）》的基础上，增加了党内法规及国际标准作为合规要求，可见国有企业的合规任务比民营企业更具挑战性。

国有企业合规的主要内容之一是建立健全合规管理制度，建立全流程

① 最高人民检察院检察长张军在知乎答网友问。

的合规风险识别与防范机制。以生产仓储为例，企业应保障生产场所和设备的产权取得及土地利用合法，严格审查生产场所的生产安全及消防条件，严格把握产品出厂质量，依法处置工业废物，同时根据疫情防控情况积极履行管理责任等，以避免企业因生产仓储环节严重违规而引发重大劳动安全事故罪、污染环境罪乃至妨害传染病防治罪等刑事风险。另外，市场交易及资金管理环节也是国企合规的重点领域之一，如果因管控不严未及时发现管理人员实施的职务侵占、受贿、非法经营同类营业等商业舞弊行为，就可能会给企业造成直接经济损失，企业还会因管理人员被追究刑事责任而造成自身名誉方面的贬损乃至承担法律责任。

国有企业合规的另一个重要任务是搭建行之有效的合规管理组织架构。企业合规管理组织架构既是推进全面合规体系建设的重要保障，也是企业合规管理制度得以运行的基础引擎。根据合规指引文件的相关要求，国有企业合规管理组织架构的构建主要分为两个方面：一是明确企业现有管理层的合规管理职责，主要包括董事会的合规管理决策职能、监事会的合规管理监督职能以及经理层合规管理执行职能等；二是设立企业的合规管理专职机构并安排相应负责人，主要包括合规委员会及合规委员、合规管理负责人、合规管理牵头部门、各业务部门合规管理员等组织或人员。各部门通过积极联动，共同搭建起一线业务防范合规风险、合规牵头部门建设合规管理体系、纪检监察监督合规管理效果的合规管理“三道防线”。

此外，国有企业合规管理运行机制的动态完善与企业合规文化建设同样不可或缺。企业合规管理体系应当秉持“动态与静态相结合”“实体与程序相结合”的原则，将企业合规管理制度及组织架构，与合规承诺、合规培训、合规激励、监督举报、违规查处、意见搜集、优化提升等各项具体运行机制相结合，将企业合规的整体目标下沉至各个层级，同时在实践过程中及时收集制度运行所出现的各类问题，进一步优化提升企业的合规管理体系。在保证企业合规管理体系高效运行的基础上，还应培养管理层与员工的合规意识，积极树立企业自身的合规理念与价值观，公开宣传、倡导企业合规文化，以便从源头上杜绝或减少合规风险。

在打造企业全流程合规管理体系的基础之上，企业在涉及刑事风险时，仍需要打造针对个别高风险领域的专项刑事合规计划。在实践中，根据施行阶段可以将专项刑事合规分为主动合规、预防性刑事合规、合规不起诉及不起诉后的合规四种形态，其主要包括高级管理层的承诺和阐述、合规政策和程序、合规人员和资源、合规风险评估、合规培训和认证、激励和惩戒措施、第三方尽职调查、合规报告和内部调查以及持续改进九大基本要素。在刑事诉讼实践中，企业主要是通过打造、实施专项刑事合规计划，以争取企业刑事责任切割、合规不起诉或者量刑从宽等刑事激励措施。

三、律师开展刑事合规业务的基本工作方法

在目前的刑事合规业务实践中，根据案件来源的不同，律师扮演的角色主要可以分为三类：受检察机关委托对涉案企业进行合规考察、指导与评估的刑事合规考察专家，受涉案企业或检察机关委托对企业刑事合规情况进行调查、规划与监督的独立监管人，受企业委托帮助企业打造刑事合规计划的合规顾问。由于委托人及工作目标的不同，律师在具体业务过程中的中立程度及工作重点也不尽相同，其中：刑事合规考察专家的工作重点在于作为检察机关的受托人对涉案企业进行指导、监督及考察，并向委托人出具企业合规整改情况报告。独立监管人的任务则是在检察机关的主导下，作为第三方机构指导、协助案涉企业制订刑事合规计划并监督落实计划实施。合规顾问则是受企业委托，并为企业制订刑事合规计划、完善

企业合规管理制度，属于一类技术性服务。

由于企业所处的政策环境、行业语境、产业痛点不同，而且合规业务往往还会涉及企业管理、财务审计、知识产权等专业性极强的领域，开展刑事合规业务之前，应针对客户的具体情况和服务需求，由具有相应领域工作经验的专业人员组成专项工作小组，充分发挥团队综合实力，以保证及时、高效地推进刑事合规项目的建设。

专项刑事合规计划打造前期，主要包括规范、案例检索与尽职调查两个主要工作方向。其中，规范检索应当保证全面、精准，不但应当包括该专项计划所涉业务领域的法律、法规、规范性文件及行业规范等外部规范，还应当包括目标国有企业现有的企业章程、规章制度、业务规范、纪律要求等内部规范。案例检索的结果则应当具有针对性、时效性，尽量选择近年具有代表性的案例，并以案例为切入点来提炼相关领域中所隐含的刑事风险。同时，律师还应当采取多样化的尽职调查手段，通过书面审查、实地走访、调查问卷、随机抽查等方式，全面了解企业的业务开展和经营管理情况，了解高发风险区域。

专项刑事合规计划一般分为五个模块：合规章程模块、合规风险库模块、合规程序体系模块、合规计划考察要素及标准模块、合规保障体系模块。

（1）合规章程是合规计划的总纲领，律师可以结合企业的现有章程与专项合规的实际需求，为企业量身定制一份合规章程。

（2）合规风险库的建立需要以前期规范案例检索和尽职调查为基础，律师通过系统梳理相关材料分析出可能涉及的罪名、犯罪成因及企业现有合规管理体系的漏洞，并从中总结、提炼出合规风险点。

（3）合规程序体系主要涉及事前风险监控、事中风险识别及事后风险应对三个程序环节，合规计划可以先采取因素赋值方法对各风险点的权重大小进行评估，分等级配备不同强度的风险识别与应对措施，以提高合规程序的运行效率。

（4）合规计划考察要素及标准在律师打造合规计划过程中不可或缺。律师可以将案涉企业合规管理制度体系分解为各个子要素，针对各项要素确定对应的考察标准和打分机制，并在专项合规计划嵌入企业管理活动后对企业再进行一次全面检查，以保证专项刑事合规计划有效融入企业现有合规管理制度体系中。

（5）律师还可以在企业人事管理体系的基础上，建立一套合规保障体系。律师可以尝试从制度保障、经济保障等方面入手，设计奖惩制度目的、适用范围、基本原则、激励惩戒的种类及程序等，以进一步确保刑事合规奖惩制度的落实。

另外，在打造刑事专项合规计划的过程中，工作小组可以与企业建立一套内部定期沟通机制，如内部周报、月报等，互通消息，及时掌握企业变化情况。对外出具文书时，工作小组内部可以采取多级复核方式，以保证成果文件的质量。

四、结　语

如今，检察机关主导的企业合规改革试点工作已然全面推开，在国资委的推动下国有企业已步入“合规管理强化年”，为国有企业刑事合规形成了合力推进的良好态势。作为专业刑事律师，应积极思考如何利用自己的专业优势，有效契合国有企业在刑事合规管理方面的需求，从企业刑事合规管理体系构建与专项刑事合规计划打造两个维度出发，发挥专业所长，贡献律师力量。

律师参加民商事诉讼庭审的理念与技艺

赵青航[1]

[1] 赵青航，浙江理工大学特聘副教授、兼职律师，法学博士。

2014 年，《中共中央关于全面推进依法治国若干重大问题的决定》作出了“推进以审判为中心的诉讼制度改革”的重要部署。此后，学术界和实务界对此开展的研究经历了一个层层递进、逐步深入的过程。先是不少学者认为“审判中心论”仅适用于刑事诉讼领域。① 但一些学者提出反对意见：“对以审判为中心的诉讼制度改革的认识不应局限于它适用于哪一类诉讼，而应该将其置于更深刻的高度和更广阔的背景下予以解读，唯有如此，方能凸显此项改革的意义和价值。”② 之后，有学者论证得出“审判中心论”也应适用到民事诉讼领域的观点，被广泛接受。③ 以审判为中心的诉讼制度改革要求突出庭审在纠纷解决中的核心作用。其实，在民事诉讼中推行“庭审中心”的审判方式改革已有多年，而且这项改革的成果为中国当代诉讼制度的进步与发展奠定了重要基础。中国民事诉讼庭审方式改革已从“庭审规范化”阶段迈入“庭审实质化”阶段，如果要步入“庭审优质化”的更高阶段，就需要进一步解决“庭审走过场”的“痼疾”，保证法官通过庭审活动实现对案件事实掌握程度和法律适用认知水平的飞跃。毋庸置疑，这对律师在庭审中有效作用的发挥提出了更高的要求。

---

① 参见樊崇义、张中：《论以审判为中心的诉讼制度改革》，载《中州学刊》2015 年第 1 期。

② 王韶华：《“以审判为中心诉讼制度”的三重意蕴》，载《人民法院报》2014 年 12 月 12 日，第 2 版。

③ 参见曹士兵、杨小利：《以“审判中心论”鼎革与续造中国民事审判》，载《中国应用法学》2019 年第 1 期。

一、律师在庭审中的作用

律师接受当事人的委托，担任代理人参加民事诉讼，是律师业务中最常见的一类。先看全国的数据：2020 年全国律师办理各类法律事务总计 1114. 5 万多件，办理诉讼案件 660. 9 万多件，其中民事诉讼代理为 532. 7 万多件，占全部法律业务的 47. 8%，占诉讼案件总量的 80. 6%。[①] 再看浙江省的两组数据：第一组数据是 2020 年浙江律师办理各类诉讼和非诉讼案件，约 68. 36 万件。其中民商事诉讼案件达 45. 92 万件，约占全部法律业务的 67. 17%。[②] 第二组数据：相较于 2015 年，2020 年年底，浙江律师办理民商事诉讼案件增加 184,751 件，同比增长约 67. 31%。[③]

律师在代理民商事诉讼案件过程中，参与庭审（直面法官、输出观点）是其中最重要的代理活动，基本目标是在法庭上说服法官最大限度地支持己方的诉讼请求。绝大部分当事人聘请律师最直接的目的就是请律师代理其出庭应诉。故先从当事人的视角来探析律师在庭审中的作用。

法律系统的日益精密会极大地增加社会对律师的需求。诉讼是一种使用法律专业知识和技能来解决纠纷的过程，而当事人未必拥有与自己所涉案件相关的实体法和程序法知识，由此产生委托具备这种知识及技能的律师来代替自己从事诉讼活动的需要。律师是社会上熟悉诉讼程序、掌握诉讼技能、擅长查找事实和适用法律的一类职业人士，其深谙庭审时的攻击

---

① 参见《52. 2 万！司法部官宣：2020 年度律师工作统计分析》，载人民法治网，https：//www. rmfz. org. cn/contents/846/504918. html，2021 年 5 月 23 日访问。

② 参见《律师 27302 名，收费 139. 38 亿 | 2020 年浙江律师发展数据公布》，载微信公众号“律媒智库”2021 年 4 月 28 日。

③ 相关数据详见《“十四五”时期浙江律师业发展规划纲要》。

防御之道，庭审发言往往精、准、稳，对案件定性问题会据理力争，善于和法官在同一频道沟通，并以捕捉庭审敏感点[①]见长。律师具备的这些专业优势和专门技术，使其比诉讼能力偏弱的当事人更容易适应、胜任复杂且高度专业化的庭审程序。经常可以看到这样的现象，在由当事人本人参加的庭审中，法官不得不时常当庭教给当事人各式各类的诉讼知识，尽力避免因当事人不懂法律或程序技术方面的知识造成不利后果的情况发生。很显然，这会给法官的审判工作增添不少负担，当事人也往往表现出不自信。有法官曾与笔者谈道："律师在庭审中能发挥比较大的作用，这点是毋庸置疑的。对我来说，有律师代理的案件和没有律师代理的案件，是截然不同的两种工作。我每次一拿到案子，最先关注的就是原告是否有律师代理。如果开庭时我看到双方律师都在场，我顿时就会觉得这场庭审的压力和难度要小很多。毕竟跟当事人比，法官与律师的沟通成本肯定要小很多，省时省力。当我遇到一方有律师代理但另一方没有律师代理的案件，我会初步评估没有律师代理的这方当事人的诉讼能力。如果他的能力实在堪忧，说实话，我会建议他聘请律师参加诉讼，否则在法庭上容易吃亏。"

在普通的当事人看来，作为法律专业人士的律师在庭审时能发挥的作用往往大于当事人自己。但也绝不能忽视当事人在庭审时的优势及作用，作为案情亲历者的当事人在掌握事实方面具有他人不可比拟的优势。对于事实异常复杂、零碎的案件，有时律师与己方当事人一起参加庭审会比律师单独参加庭审产生更佳的效果。

再从法官的视角来分析律师在庭审中的作用，这是本部分要指出的重点。笔者认为，律师在民事诉讼中的基本作用主要是与法官共同探知案件

---

① 律师对庭审敏感点的捕捉，不仅包括对庭审争议焦点的把握，还包括对可能影响案件走向的一些敏感问题（如法官看似不经意的一句发问）的把握。

真实、共同正确适用法律、共同提升诉讼效率、共同实现诉讼使命。要充分实现上述四个作用，有赖于律师与法官在庭审时的积极商谈。“商谈是一种两人以上的言语互动行为，故言语行为是商谈的主要形式之一……事实上，民事诉讼是一种典型的言语行为，在任何阶段，尤其是庭审阶段，语言具有举足轻重的地位。”① 语言构成了庭审绝大部分的内容：律师呈现事实需要通过语言来描述，阐明法律适用的观点同样需要以语言为载体，法官指挥庭审、释明、心证公开乃至当庭宣判都需要使用语言。有法官曾与笔者交流过一个体会：“我一直秉持一个理念，真正成功的案子不是靠‘办’出来的，而是靠‘沟通’出来的。这个‘沟通’不是律师和法官私下勾兑的意思，而是彼此依据法律和事实进行交流。律师在法庭上能把案件事实向法官讲清楚，这就是律师最基本的作用。律师要做到这点，是需要具备良好的沟通技能，途径包括但不限于通过已有证据求证事实真实性、向对方当事人发问，等等。在此基础上，律师最好能帮助法官找出可以准确适用案件的法律依据以及具有参考价值的案件。这依然是需要律师和法官相互沟通、交流的。当然，如果律师还能下意识地积极推动案件进程，尽力促使案结事了，那他就真是在庭审时发挥大作用了，而律师的这份尽心和善意也是需要靠语言传达的，否则法官未必领会得到，也就无法和律师在庭审时精诚协作了。”

在有律师代理当事人的庭审中，律师最重要的作用便在于与各诉讼主体的有效商谈。其中，律师与法官是法庭内重要的商谈主体，彼此间的言语互动是主要的商谈方式。

---

① 占善刚、陈哲：《商谈式民事诉讼：民事诉讼转型的方向》，载《湖南大学学报》（社会科学版）2021 年第 4 期。

二、律师参加庭审的若干常见问题

既然律师在庭审中最重要的作用是商谈，笔者便依次归纳律师在法庭调查阶段和法庭辩论阶段常见的若干问题，着重反映律师商谈作用发挥的不足之处。

（一）律师在法庭调查阶段商谈作用发挥之不足

1. 原告律师在开庭陈述时多以宣读起诉状为主

当事人陈述是法庭调查的第一个环节。在有律师出庭的庭审中，一般是由律师代理当事人作开庭陈述。开庭陈述的目的是把案件的全貌言简意赅地呈现给法官，使法官在短时间内大致了解案件的轮廓和样貌，形成一个整体印象，为接下去的法庭调查和法庭辩论框定范围。

一般情况下，原告的开庭陈述会由律师来完成，仅有少数当事人待律师陈述完毕后会做补充说明。实践中，大部分律师几乎是在逐字逐句地宣读起诉状中的诉讼请求与事实理由，读完即意味着开庭陈述完毕。所以有些法官会当庭询问律师关于事实理由的陈述是否与起诉状一致，如果律师表示是一致的，法官便令其不必再读。还有一些律师在开庭陈述时会大大超出起诉状的文字内容，进行一定程度的发挥，这时法官往往会提示："简单点说，有些内容可以放在举证、质证阶段或者辩论阶段讲。"

有资深法官指出："我们不少律师在开庭陈词时往往是按照起诉状照本宣科，既耗时间，亦造成庭审中重复劳动。"① 曾有法官对笔者表示：

---

① 邹碧华：《要件审判九步法》，法律出版社 2010 年版，第 7～8 页。

“在这个阶段，我会一边快速阅读起诉状，一边聆听原告律师的陈述，我会大致确定审理的方向和思路。如果律师陈述的事实理由过于冗长，或者出现与诉讼请求毫不相关的内容，会给我找出案件关键点增加难度。遇到这种律师，在庭审时第一次出现这样的情况，我虽然不会轻易打断，但我自此晓得了他是一个‘啰唆’的人，在他之后的发言中，我会格外在意他讲话的凝练度，如果出现过分的重复，我就会打断他。还有一种情况，如果我发现律师在念长篇累牍的起诉状，我会立即问他的陈述是不是跟起诉状一致，如果是一致的，就不需要他读了，我让书记员记录下‘同起诉状’即可。”

开庭陈词最根本的目的是让法官快速了解原告为何要提出本案的诉讼请求。所以，律师紧紧围绕诉讼请求以较为精练的语言来概括、说明案件的事实理由是关键。对与诉讼请求无直接关联的情况，律师无须陈述（如事发时的天气、当事人的心情等）。但对于一些与案件有关的特殊情形，律师可就事实背景进行简要论述（如恶劣天气导致无法及时履行合同义务），促使法官对案件的特殊性加深认识。

2. 部分原告律师未明确请求权基础

有不少原告律师直至庭审仍未明确请求权基础。即使当法官请原告律师明确其请求权基础时，原告律师仍然语焉不详，甚至答非所问。

在此举一案。张甲（我方当事人）欲向 B 集团转让 A 公司 10% 的股权，遂向 B 集团实际控制人朱某提交了《关于要求退出 A 公司股权的申请》。之后，朱某在申请上作出肯定性批复。张甲与 B 集团遂依据申请和朱某的批复内容，签订了《关于 A 公司 10% 股权转让的框架协议书》。后来，A 公司却将张甲起诉至法院，提出的诉讼请求主要有两项：一是确认上述框架协议无效，二是张甲向 A 公司返还申请的附表页所列的资产。

在该案中，原告律师在起诉状中罗列了当时《公司法》[①] 第 3、148、175～177 条以及原《合同法》第 52、58、59 条等 8 条法律规定，但未表明适用这 8 条规定的具体理由，导致笔者在收集反驳证据和庭审答辩时无所适从。就算原告一开始想以省略理由的方式写作诉状，隐藏诉讼“火力”，避免提前暴露诉讼“武器”，但当法官请原告律师明确其请求权基础时，原告律师仍然无法作答，这就不合理了。例如，原告律师同时根据《公司法》关于公司分立、减资等多个法律条款来主张上述框架协议无效，但同一转让不可能同时符合以上两种情况，不可能同时适用多个法律条款，可见原告对“请求权基础”的概念不甚明了。笔者只得凭自己对原告诉讼请求所依据的请求权基础的“理解”来进行答辩。

从庭审实践的情况来看，由于请求权基础的不明确，原、被告的诉辩处于不直接交锋状态，双方律师的论辩方向不同轨，这在很大程度上会导致庭审程序的低效与无序。

3. 被告律师当庭答辩的情况居多

《民事诉讼法》第 128 条第 1 款规定的“十五日”是被告提出答辩状、针对原告的攻击进行防御的答辩期。《民事诉讼法》在此处虽然使用了“应当”一词的表述，但该条第 2 款紧接着又规定：“被告不提出答辩状的，不影响人民法院审理。”有了这些规定，诉讼实践中不少被告在接收起诉状副本后会一直不作出任何反应，直到庭审时才进行答辩。

例如，在一起建设工程施工合同纠纷中，被告律师以较快的语速当庭宣读答辩状，内含 17 点答辩意见，内容非常细致，原告律师在不停地记录。在答辩进行到第 5 分钟时，法官要求被告律师给原告律师一份答辩状副本，被告律师却以未多备一份答辩状为由拒绝了。被告律师用了 19 分钟

① 为方便阅读，本书中的法律法规均使用简称。

宣读完毕后，其在法官的要求下将这份答辩状提交给法庭。只见在法官当庭翻阅答辩状期间，原告律师仍在书写、整理被告的答辩观点。当法官询问原告律师有何回应时，原告律师的陈述明显较为迟钝，仅作出简略回答。在征得法庭的同意下，原告律师用手机拍照的方式记录下了被告律师的全部答辩内容，并表示待开庭结束后再细看。

再如，在一起股权转让纠纷中，被告律师结合其已准备好的答辩状，当庭发表辩论意见。被告律师发表完毕后，原告律师以较为坚定的语气向法庭陈述："我想提醒合议庭注意，因本案的案情比较复杂，这段时间我曾多次联系法官，希望被告提供答辩状，但法官每次都告知我被告没有答辩状。今天上午 11 点，也就是距离现在开庭的 3 个小时前，我又联系了法官，得到的答复与之前一样。被告当庭发表的这篇答辩意见是在这 3 小时内写出来的吗？你当庭洋洋洒洒地陈述了那么多观点，我既记不全你的全部意见，也没听出这些意见之间有何逻辑。所以我现在无法对你的答辩发表意见，我还是坚持起诉状上我方坚持的主张与理由，请合议庭理解。"

由于原告的诉讼请求、主张和证据材料在起诉时已经明确，被告律师一般会有较充裕的时间去收集证据，研究对抗的理由和法律依据。有些被告律师是出于诉讼策略的考虑，在开庭前故意不答辩，在开庭时作突袭答辩，这会直接产生两个不利情况：一是客观上使原告律师丧失了深入研究答辩意见的机会，很容易导致原告律师对被告方事实主张和法律抗辩的认识不充分，难以针对被告的答辩当庭作出富有针对性的反驳。二是被告若不及时答辩，会使法官对争议焦点的归纳不全面，进而降低庭审效率，人为地给法院解纷设置了障碍。①

① 参见最高人民法院修改后民事诉讼法贯彻实施工作领导小组编著：《最高人民法院民事诉讼法司法解释理解与适用：条文主旨 · 条文理解 · 审判实务》，人民法院出版社 2015 年版，第 588 ~ 589 页。

4. 律师逾期提出证据的情形多发

在主要由当事人双方收集和提出证据的当事人主义诉讼模式下，如果有一方当事人（一般情况下往往是被告）基于迟延权利义务的确认、耗费对方的诉讼成本或不肯“露出底牌”的诉讼策略等不当目的而无限期地拖延提出证据，攻击防御就难以活跃、充实，法院便无从获得更加完备的证据信息以便妥善地解决纠纷，甚至连诉讼程序也会因此停滞。

庭审实践中发生过不少律师当庭补交证据的情况，有时是被告一方当庭补交证据，有时是原告一方当庭补交证据，有时是原、被告双方均当庭补交证据。甚至一些案件已经过了庭前会议的证据交换程序，但在庭审中依然出现律师（多次）逾期提供证据的情形。在逾期提供证据的案件里，法官一般都会采纳这些证据，多数法官根据《民事诉讼法》第 68 条的规定当庭责令当事人或其律师说明逾期提供证据的理由，也有法官会当庭对逾期提供证据的一方予以训诫，但鲜有法官作出过罚款决定。导致的结果一般有三种：第一种是庭审只得因一方当事人逾期提供证据而中止（或是法官主动休庭，或是对方律师提出延期开庭的要求，① 经法官批准继而休庭）。第二种是对方律师愿意当场质证。第三种是法官坚持继续开庭，先令律师就逾期提交的证据进行当庭举证，再要求对方律师于庭后若干个工作日内提交书面的质证意见。

在民事诉讼中，律师应当遵守诚实信用原则，恪守诉讼促进义务，切忌因故意或者重大过失而逾期提供证据。同时法官也要意识到在案情较为复杂的案件中召开庭前会议是尤为必要的。其中，组织证据交换是庭前会议的核心环节。通过证据交换，一方面有利于双方当事人加强对对方掌握诉讼资料的认识；另一方面有利于法官围绕双方的诉辩意见和证据材料迅

---

① 理由主要是：（1）对方提交的新证据太多，无法当庭组织质证意见；（2）新证据的真实性当庭无法核实，需要庭后向己方当事人核实。

速、有效地形成案件的争议焦点。

5. 诉讼可视化在法庭调查阶段的使用率不高

当前，律师在开庭陈述、举证、质证等法庭调查阶段的各环节中使用诉讼可视化技术的案例不多（即使案件事实特别繁杂）。以举证环节为例，虽然绝大部分律师会制作证据清单，并根据证据排列顺序举证，但在这些案件中，证据清单的作用有限；这虽然可以说明每一份证据的证明对象和内容，但难以将证据间的内在联系表达清楚。法官通过审阅证据清单和审查证据也许仍无法直观地理解证据间的关联。

这时，诉讼可视化技术就尤为实用。试举一例，在一起合同纠纷案中，原告律师在以手机微信软件为储存载体的海量电子证据中努力查寻、拼接大量零星证据。经过逐一推敲、核实相关微信聊天记录，最终从上万条记录中筛选出 753 条，公证后作为证据提交法院。为了向法官阐明微信聊天记录的证明内容及这些记录与其他关键证据之间的逻辑关系，律师制作了一张解读图。举证前，律师先将放大彩印后的解读图分发给合议庭的三位法官和对方的代理律师，再围绕该图充分发表意见，举证效果颇佳。

（二）律师在法庭辩论阶段商谈作用发挥之不足

1. 律师在辩论时往往不谈及、出示法律检索资料

近年来，律师向合议庭提交法律检索资料（如《类案检索报告》）的情况越来越普遍，深受法官欢迎。但在法庭辩论阶段，鲜有律师会提及法律检索资料。以下这位律师的心态或许可以解释这一现象：“我代理案件时通常会制作《类案检索报告》，当某个类案对本案具有特别大的借鉴意义时，我还会针对两案专门写一份《两案对比报告》，加强论证。但我一般都是在庭后将报告连同代理词一道邮寄给法官，我要求团队律师也这么做。坦率地说，即使法官希望我给对方一份，我也会委婉拒绝，因为法律

没有对我规定这项义务，我要做的是对我的当事人负责。报告里的内容都是我的独门‘秘籍’，我既不需要公开，也不想公开。之所以如此，是我在年轻时吃过一次很大的亏。十多年前，我代理了一起标的额很大的民事案件。我当庭提供了一个刊载在《人民法院案例选》上的由上海市高级人民法院终审的类似案例。法官觉得该案非常具有可比性，准备参照此案的裁判思路采纳我的观点。但对方律师从上海市高级人民法院了解到该案在不久前经最高人民法院指令上海市高级人民法院再审而改判。于是，我输掉了这场官司，陷入了深深的自责中。从此，我在使用重要的参考案例时都会注意该案是否存在后续的诉讼结果，同时我不会在庭审时再当着对方律师的面提供参考案例了。”

同时，法官一般也不会在庭审时主动提及法律检索事宜。究其原因，可能有以下两点。一位法官表示：“类案是他们辛苦找出来的，是他们的工作成果，所以我也不会给另一方律师看。”另一位法官谈道：“庭审时间有限，如果没特殊情况，我希望庭审的节奏能紧凑些，律师在庭审时主要是帮助我们查清案件事实，法律适用是我们法官的本职工作，他们可以发表相关意见，但没必要在开庭时多说，更没必要多谈及类案。”可以发现，持以上两种观点的法官显然没有意识到一方律师向法官单向提供法律检索资料的行为可能在某种程度上变相剥夺了对方律师的辩论权。

2. 律师多只掌握对己方有利的法律检索资料

不少律师在庭审时往往会对其检索到的资料只字不提，直到庭后才向法官提供（而且主要是有利于己方的资料），目的是防止对方在庭审时当面回击，避免正面交锋。但也有双方的律师均在法庭辩论阶段围绕法律检索资料展开辩论。

试举一例：2017 年，董某某与郑某某签订了《房屋转让协议》，约定郑某某将其享有的拆迁安置房以 110 万元的价格转让给董某某，双方约定郑某某对董某某的69万元借款转为购房款，董某某向郑某某支付了31万元购房款，剩余10万元购房款在产权过户至董某某名下后付清。《房屋转让协议》签订后，案涉房屋一直由董某某占有并使用。2019年1月2日，郑某某取得案涉房屋的产权。董某某要求郑某某过户，后发现房屋已于2019年1月30日因执行案件被法院查封，因此董某某向法院提起了执行异议之诉，请求停止对案涉房屋的执行。

该案的法律适用在司法实践中存在争议，[①] 最高人民法院针对该问题也存在不同的裁判观点。原告律师在庭审时以最高人民法院的四份裁判文书作为支持其观点的论据，对方律师则当庭举出最高人民法院作出的另外两份意见相左的裁判文书。此外，双方律师竟均从最高人民法院民事审判第二庭编著的《〈全国法院民商事审判工作会议纪要〉理解与适用》一书中找到了对其分别有利的观点，[②] 在法庭辩论阶段作出陈述。但从庭审情况看，双方律师都只是围绕自己检索到的类案和权威观点进行阐述，彼此间没有产生观点交锋，而是在各自的“语境”里各执一词，辩论显然不充分。

还有一起案件，被告的代理律师在法庭辩论阶段提出该案的审理可参考《最高人民法院关于适用〈中华人民共和国公司法〉若干问题的规定（四）》。原告的两位律师低声沟通了3分钟，最后仅以该征求意见稿未正式颁行为由作为反驳意见，但未就具体内容作出有针对性的回应。显然，这般回应力度是偏弱的。律师对于此类意见稿要足够重视，虽然其尚处于征求意见阶段，但在很大程度上能体现最高人民法院的意见导向。原告律

---

① 该案的核心争议焦点是董某某对于案涉房屋是否享有足以排除强制执行的民事权益，即董某某的以物（“房”）抵债协议是否属于物权期待权的保护范围。基于此，律师在代理时针对“执行异议之诉中以物抵债受让人是否享有物权期待权”这一法律适用问题进行法律检索。

② 最高人民法院民事审判第二庭编著的《〈全国法院民商事审判工作会议纪要〉理解与适用》（人民法院出版社2019年版）出现了正、反两种截然不同的观点（分别在第304页和第643页中），这更反映出该案在法律适用上存在很大的争议。

师对此准备不足，显然是有欠妥当的。有的律师认为只需检索出对己方有利的法律规定或裁判观点就算大功告成。殊不知，这种想法极有可能会为其参与庭审辩论埋下隐患。因为对方律师有可能会提出观点相反的法律检索资料作为抗辩，若自己没有提前准备"案"，恐会当庭陷入极其被动、尴尬的境地，更遑论庭审效果了。

笔者认为，律师在检索时尤其要深挖对己方不利的案例和观点，着重进行对比分析。当然，律师应重点分析其代理之案与正面案例的相同点，在庭审时提醒法官这些相同点才是可供案件审理参考的关键点，从而说服法官采纳己方观点。

3. 诉讼可视化在法庭辩论阶段的使用率不高

笔者很少看到有律师在法庭辩论阶段中使用诉讼可视化技术。笔者曾带领团队律师代理过一起确认不侵害专利权纠纷案。庭审时，当我方律师当庭展示出一张印有技术对比图的彩绘巨幅海报，并对产品不同的结构组件作出分层次标记时，合议庭的三位法官都不自觉地起身，走出审判区，站在图前，顺着图上的标记，循着律师的思路，逐一比对产品的技术特征。该案的庭审取得了极佳的效果。团队律师在庭后复盘时谈道："我们律师要思考在庭审时如何向法官简明扼要地表达我方的观点，如何帮助法官直观、便利地认识涉案专利和侵权产品之间的关系，既要确保信息传递不失真，又要使信息便于传递、理解。针对这两方面的问题，哪方做得更到位，哪方就有可能在庭审中赢得优势。为此，我们采用了诉讼可视化技术。这样，法官不仅能读到、听到案件，还能很直观地'看'到案件。"

除此之外，律师在庭审商谈中还存在应变能力不足、[①] 对庭审各环节

---

① 主要表现在：（1）对于法官突然提出的问题，律师始料未及、无从作答；（2）当法庭调查与法庭辩论合并进行时，律师未做好充分应对。

的功能认知不准确、[①] 语言重复、过度表演、情绪管理不当等问题。

三、庭审商谈的理念

在协同主义视角下，庭审程序的良好运行倚赖法官与双方律师（及当事人）为了实现共同的诉讼目的放弃成见、凝聚共识而形成有机协作的诉讼作业共同体，打破法官“形式上”的中立和律师间过度竞技的诉讼格局。庭审应嬗变为法官、律师和其他程序主体之间消除分歧与协同合作的场域。

协同主义注重程序参与者之间的沟通、互助、协商，尤其强调当事人与法官之间的信息交往。这种信息交往主要通过庭审时的商谈来实现。即协同是目标，商谈是方式。因此，在法官与律师的协商合作过程中，商谈尤为重要。哈贝马斯提出了关于商谈理性的理论。所谓商谈理性，其实质就是对话理性。哈贝马斯认为：“法律仅仅凭借其强制力迫使人们服从是不行的，它必须同时得到人们的认可。而从独白走向对话，就是解决司法合理性的根本途径。对话的主体不仅是由法官所组成的专业共同体，而且还把争讼双方也包括进来，因为他们是司法过程中的参与者，判决直接关系着他们的利益，而且判决的合理可接受性问题也预定了争讼双方的特殊重要性。这样，法官、争讼双方就共同进入了一个‘合作地寻找真理的论辩过程’。”[②] 根据哈贝马斯的法律商谈理论，若两个以上的人可以在理想的对话情境中进行思辨，即使双方的观点、意见不一致，也相对容易达成妥协和共识。该情境有三个特质：其一，每个有能力进行意见审议的人都

---

① 主要表现在：（1）将质证演变为法庭辩论；（2）将回答法官和对方的提问演变为法庭辩论。

② 李广宇：《裁判是怎样写成的》，法律出版社 2021 年版，第 21 页。

有权利参与审议；其二，每个人都有权利提出新的主张并不得对他人的见解肆意批判；其三，所有参与者都是在权利对等的情境下进行商谈的。[①]基于此，哈贝马斯认为各主体之间可以通过平等的交流与对话达成共识，其强调对话参与者的互动性，即对话主体必须学会（甚至善于）倾听对方的意见，通过主体间意见的相互表达与彼此说服，最终达成意见的共识。

当前，法官在庭审中主动、直接与律师围绕案件事实和法律适用进行沟通交流的现象实不多见，司法实践中“你说你的，我判我的”的现象并不罕见。殊不知，“不仅从事实方面而且从法律方面同律师探讨案件和争议情况的必要性在民事诉讼的现代发展中不是减少了而是（恰恰相反）增加了，这也是具有重要意义的”。[②] 有鉴于此，一方面，法官应合法、恰当地行使释明权、讨论权，在庭审时与律师主动对话，以实现信息通畅、共享、真实；另一方面，律师在庭审时不宜在与法官有效商谈方面表现得过于被动，应以协同主义为理论指导，[③] 能动地领会法官的提示，积极地回应法官的发问、消除法官的疑虑，与法官一起以协作式商谈作为彼此间对话的主基调，最大限度地助力法官当庭查明案件事实和找准法律依据。

为进一步发挥律师在庭审中的商谈作用，笔者认为，中国司法应着力构建商谈型庭审模式，律师在商谈型庭审的八个商谈环节中切实做到有效代理。此外，律师应做好法律检索和诉讼可视化等基础性工作，在庭审时适时展示。本文接下来主要介绍律师参与商谈型庭审的八个商谈环节，并揭示律师在其中应发挥的作用。

---

① 转引自亢晶晶：《说服与判断：审辩关系的异化及回归——以“商谈理论”为视角》，载《河南大学学报》（社会科学版）2017 年第 3 期。

② ［德］鲁道夫·瓦塞尔曼：《从辩论主义到合作主义》，载［德］米夏埃尔·施蒂尔纳编：《德国民事诉讼法学文萃》，赵秀举译，中国政法大学出版社 2005 年版，第 381 页。

③ 参见江必新：《加强法官律师良性互动　探索构建协同诉讼模式》，载《中国律师》2018 年第 3 期。

四、商谈型庭审的八个商谈环节

哈贝马斯的法律商谈理论表明，只有在一个充分自由且开放的商谈情境下所作的商谈沟通，最终达成的共识才会是理性的、公正的。[①] 基于协同主义理论下的民事司法商谈理论，笔者提出了构建商谈型庭审模式的设想。商谈型庭审模式需确立层层相扣、逻辑严谨的环节，用以明确商谈主题，促使法官与律师不懈地围绕主题展开对话，以期对案件中的事实问题和法律问题进行商谈式澄清。笔者以民事诉讼第一审普通程序的制度规则为基础，设计了商谈型庭审的八个商谈环节（见图 2－1），现详细介绍如下：

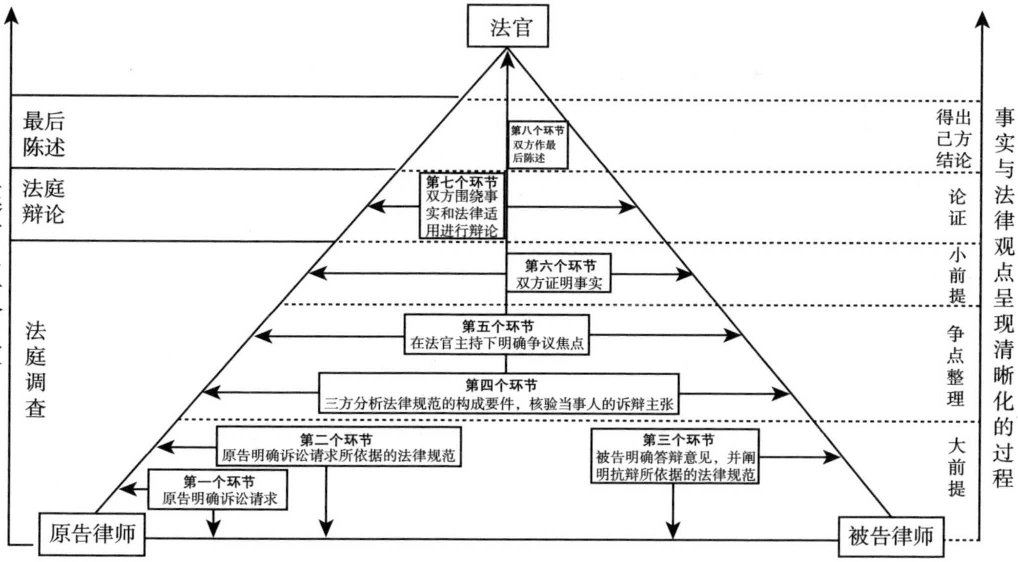

图 2－1　商谈型庭审模式中的八个商谈环节

---

① 参见马靖云：《司法商谈机制的构建及其功效》，载《华东政法大学学报》2018 年第 4 期。

第一个环节：原告明确诉讼请求

诉讼请求是当事人诉权的核心所在，也是庭审最基础的始点，是之后所有诉讼行为展开的基本依据。庭审的首要任务是固定原告的诉讼请求。

若完全依靠法官当庭核验诉讼请求的妥当性，显然是不恰当的：其一，现行司法资源、法官整体素质和审案效率要求尚难以承受；其二，不同的请求权会产生不同的价值、利益和风险，只有原告才是己方利益的最佳判断者，法官代替原告选择的方案未必是最符合其真实意思的；其三，法官代替原告确定诉讼请求恐有越俎代庖之嫌，在一定程度上意味着对被告的不公允。

律师是唯一可以帮助原告明确诉讼请求的庭审参与者，其在熟练掌握民商事法律中多样性、多层次性、可选择性的权利体系基础上，应与原告、法官充分商谈，既要协助当事人更正不正确的诉讼请求、非理性的诉讼请求，还要协助法官明确原告诉讼请求的准确含义，澄清诉讼请求中的模糊之处，补充不完全的诉讼请求，防止不必要的诉讼请求变更。

必要时，法官可就不同请求权的选择向原告律师作适当的释明，原告律师应及时回应，便于后续庭审的开展，以期减少无效诉讼，缩短诉讼期间，避免徒添当事人的诉累。

第二个环节：原告明确诉讼请求所依据的法律规范

此处的“法律规范”主要是指请求权基础。请求权基础系指“可供支持一方当事人得向他方当事人有所主张的法律规范”。[①] 请求权基础是法官审理民商事案件的基本法律依据，为案件审理的法律分析过程界定基本框

① 王泽鉴：《民法思维：请求权基础理论体系》，北京大学出版社 2009 年版，第 41 页。

架。2019 年 11 月最高人民法院发布的《全国法院民商事审判工作会议纪要》提出树立请求权基础思维的要求。《民法典》颁行后，中国民事法律规范的体系已趋于成熟；相应司法解释发布后，民事法律规范越发精细、完善。因此，寻找请求权基础，构成民事法官找法作业之根本。

但这绝不意味着律师在寻找、确定请求权基础的作业中可以无所作为。相反，基于维护法律正确实施的职能以及协同互动的庭审要求，律师要为法官确定正确的请求权基础提供有力的协助（尤其在给付之诉中）。律师必须先于法官从现行法律中找到案件应当适用的法律规范，在法庭上予以明确，并努力说服法官将这一法律规范作为裁判本案的基准。[①] 此外，若原告未明确诉讼请求所依据的法律规范，且法官未对原告作此要求，则被告律师有权要求原告予以明确。

第三个环节：被告明确答辩意见，并阐明抗辩所依据的法律规范

鉴于当前《民事诉讼法》尚未正式确立答辩失权制度，实践中绝大多数的被告律师是当庭答辩的。这就给法官和原告律师当庭理解被告的答辩内容增加了难度。法官往往得当庭对被告的答辩进行审查，原告要当庭对被告的答辩作出回应。如果被告的答辩意见繁多冗长、杂乱无章，便会直接影响到庭审效果。笔者认为，在有律师代理被告的案件中，答辩突袭应被禁止，被告方必须于庭前向法院提交书面答辩状，使法官和原告方得以提前了解被告的答辩思路。这是民事诉讼诚实信用原则中律师诉讼促进义务的重要体现。

其中，被告的答辩内容主要分为沉默、否认、不知、抗辩和自认五种，抗辩是最为常见的。与请求权一样，抗辩最终指向的也是法律规范，

---

① 参见梁慧星：《裁判的方法》（第 2 版），法律出版社 2012 年版，第 289 页。

因此被告律师应当庭明确抗辩所依据的法律规范，便于原告律师围绕被告提出的抗辩权基础规范作出充分的回应。

此外，若被告律师的答辩主张或理由不明确、不完整，法官有必要作出释明，引导被告律师对原告提出的主张进行有针对性的答辩。如果法官不释明或释明较含糊，原告律师有权要求被告进一步明确其抗辩主张和抗辩权基础。但要注意，法官应当遵循必要的限制性规则（如权利抗辩释明禁止规则），切忌任意释明。如此才有利于促使被告的答辩与原告的诉讼主张形成正面的交锋，便于法官下一步归纳争议焦点，明确案件的审理方向。

在完成前三个环节后，原告和被告的事实观点和法律观点基本得以在法庭上呈现，法官和双方律师接收的信息已保持一致，为接下来商谈型庭审的展开奠定了信息对称的基础。

第四个环节：三方分析法律规范的构成要件，核验当事人的诉辩主张

庭审进行到第四个环节时，法官和双方律师应就原告诉讼请求依据的法律规范和被告抗辩依据的法律规范进行要件分析。需要说明两点：一是如果起诉状和答辩状的文书质量较高，这项分析工作其实在庭前就可以完成，以节省庭审时间；如果文书质量欠佳，尤其当任何一方的法律规范不明确时，这项工作只能当庭完成。二是律师绝不能轻视甚至忽视这项工作，应当在法庭上高度重视、积极回应。因为法律规范的构成要件分析有助于确立当事人的主张责任。原告的主张是诉讼成立的基础。《民事诉讼法》第 122 条中的“事实、理由”就是指原告的诉讼主张。原告律师应当根据法律规范的构成要件去提出具体的诉讼主张。被告律师则据此作出反驳，以证明原告的主张不成立。同样，被告律师亦应当针对法律依据的构

成要件提出抗辩主张，由原告进行反驳。

根据协同主义理论，法官应当以当事人主张的法律规范的构成要件为基础进行审理，但不排除法官作必要的释明，以及一并解决后面的证明责任分配问题。在分析完法律规范的构成要件后，法官应当有针对性地审查双方诉辩主张的完备性与合理性。如果一方或双方提出的主张存在明显的矛盾或荒谬之处，法官应以释明的方式促使其补正，这既有利于帮助当事人穷尽证明资源，也有利于促进争议焦点形成。① 同时，律师亦应当庭再次根据法律规范的构成要件及时核查当事人的主张是否清晰、完整，避免遗漏己方当事人的诉讼主张，导致诉讼效率减损。

第五个环节：在法官主持下明确争议焦点

争议焦点整理在庭审中具有重要意义：一是对法官而言，争议焦点整理具有聚焦作用，可以简化案件，引导思路，有效缩小审理范围，大幅提高庭审效率。二是对律师而言，争议焦点整理具有引导、促进诉辩争锋作用，避免律师间诉讼对抗的凌乱无序。同时还能促进律师在接下来的庭审诉辩中层层递进，减少重复性的语言陈述。三是对当事人而言，整理争议焦点有助于表明法官听取诉辩意见后的理解程度，传递重要的信息，可以起到平复当事人情绪的作用。②

根据《民事诉讼法》第 136 条和《最高人民法院关于适用〈中华人民共和国民事诉讼法〉的解释》第 226 条的规定，法官要综合双方当事人的诉辩情况和证据来归纳争议焦点。需要提醒的是，律师绝不能将争议焦点

---

① 参见邹碧华：《要件审判九步法》，法律出版社 2010 年版，第 109 ~ 113 页。

② 参见邹碧华等：《民商事审判方法》，法律出版社 2017 年版，第 206 ~ 211 页。

整理的工作误认为纯属法官单方的工作。[①] 一方面，法官必须对一些争议焦点问题予以释明，要注意听取律师的意见，以调整和修正自己的见解。另一方面，鉴于实践中法官会存在不归纳争议焦点、争议焦点与审理割裂、争议焦点过于笼统、争议焦点过细、争议焦点遗漏、事实争议焦点与法律争议焦点混同等问题，律师应及时与法官就争议焦点的准确性、完整性进行充分协商。具体而言，法官不归纳争议焦点的，律师应替法官总结，并建议法官采纳；法官归纳的争议焦点过于笼统的，律师应建议法官细分争议焦点；法官归纳的争点存在遗漏的，律师应善于补充。待争议焦点最终确定后，律师应及时记录，便于后面紧紧围绕争议焦点举证、质证以及发表辩论意见。

第六个环节：双方证明事实

事实的证明有赖于证据的收集与提出。在庭前，律师应当以诉讼请求（或反驳原告的诉讼请求）和可能适用的法律规范为导向积极取证，根据作为审理对象的多种案件事实组织证据。庭审时，法官以事实争议焦点为核心组织双方进行举证、质证。原告律师在法庭上既要围绕每一份证据详细举证，也要着重阐明证据之间的逻辑关系。被告律师则以隔断原告证据与要件事实之间的关系为目的，围绕证据“三性”及证明目的明确发表质证意见，并提出反驳证据（如有）。

律师不仅要让法官明了每份证据的证明内容，还要让其理解每组证据和整套证据的逻辑。民事诉讼中的证明规则旨在促使双方当事人竭尽证明资源、用尽证明方法，直至发现证据背后的事实。如果当事人的举证不充分或存在明显缺陷，法官可通过释明要求律师继续举证。必要时法官还应

---

① 需要指出的是，经验丰富的律师在庭前研析了起诉状、答辩状，并掌握了对方的证据后，基本上可以从事实和法律两方面入手，预判双方可能产生争议且会直接影响判决的争议焦点。

将心证结论告知律师，促使律师可以展开进一步的取证活动，避免本该胜诉的一方因举证不力而败诉。当案件中部分事实存在真伪不明的情形时，法官要尽早对该事实的举证责任作出分配。当然，律师自己也要谙熟举证责任规则，在庭前对法官的举证责任分配有所预判，及时与当事人沟通，不至于在庭审时措手不及。

第七个环节：双方围绕事实和法律适用进行辩论

律师在前六个环节参与的诉讼活动主要是围绕庭审中的法庭调查展开。其间，双方律师分别展示了其依据的大前提，各自证明了其主张的小前提。第七个环节是双方律师开展法庭辩论。法庭辩论是一个独立的庭审环节，双方律师在此环节通过对有争议的事实和法律问题进行梳理和辩驳，以证成各方的大、小前提，为法院得出最终结论提供具有说服力的理据。

在此说明三点：第一，法庭辩论的总体要求是律师在形式上要围绕争议焦点有理有据、条分缕析地进行，在逻辑上要环环紧扣、通透严谨，力求辩论程序实质化，避免空洞化。第二，在内容上，法庭辩论要充分体现事实与法律的交替论证。事实辩论要着眼于证据，律师一方面要引导法官关注证据，另一方面要攻击对方的证据，找出其中的漏洞甚至错误（尤其是逻辑错误）。法律辩论要围绕法官关心的争议焦点进行，律师在论辩时可着重论述相应的法律规定、类案和权威观点。第三，法庭辩论一般会有两个回合（律师可视情况争取第二个回合的辩论），每个回合的侧重点有所不同。律师在第一回合要作全面描述性辩论，第二回合的辩论要偏重于重点细节，须具有针对性、补充性，争取排除法官心中的疑虑，注意避免语言和观点的重复。

还要指出，基于协同主义和商谈理论的要求，法官在辩论环节也要有所作为，一改其惯有的庭审“消极观众”之形象，转而变为辩论阶段的适度参与者，如此既能避免裁判突袭，也能有效控制庭审节奏。[①] 法官在辩论阶段有必要向双方当事人公开一定限度的事实观点和法律观点，以便进一步听取双方律师的意见，律师可围绕法官的观点作下一轮的辩论。有德国学者深刻地指出了这一做法的正当性：“法官在讨论案件和争议情况的范围内，对事实和法律问题给予建议，会使律师知晓法院是如何判断其所代理的当事人的胜诉前景的。律师了解了法院的法律观点并且因此也就清楚了法院将何种事实情况视为是重要的。他可以根据该观点作出相应的调整，考虑相应的后果，并且反驳其认为不正确的法律观点——或者至少尝试反驳这样的观点。在理由方面，律师参与这样的对话的程度越强，他对继续进行的程序及其结果施加影响的机会就越大。”[②] 这正是律师作用的重要体现。

第八个环节：双方作最后陈述

至此，律师在个案中的事实与法律观点已很清晰，可在最后陈述阶段总结陈词。庭审实践中，原、被告律师习惯于仅用“恳请法院支持原告的诉讼请求”和“恳请法院驳回原告的起诉（或诉讼请求）”这两句话作为最后陈述时的发言。这般结论性话语过于潦草、苍白和套路了。由于庭审时间有限，律师若想在最后陈述阶段对己方观点作全面的总结，肯定比较耗时，显然不具可行性。律师宜以对比分析的逻辑方法（将主张的事实与相对应的法律规范之各项构成要件逐一进行归入）作为总结陈词的思路，

---

① 有法官指出：“有时某一方会提出明显不成立的主张，对方进行回应，法庭辩论陷于对毫无意义的细节的争论。这时我会当庭进行认定，直接说明我的意见，要求双方回到争议焦点上来。”何远、黄琳娜：《什么是理想的庭审?》，载微信公众号“麦读”2018 年 7 月 21 日。

② ［德］鲁道夫·瓦塞尔曼：《从辩论主义到合作主义》，载［德］米夏埃尔·施蒂尔纳编：《德国民事诉讼法学文萃》，赵秀举译，中国政法大学出版社 2005 年版，第 383 页。

必要时还可就价值判断与利益衡量作出精练的归纳，以提纲挈领的语言表达，再陈述以上惯用的结论，与法官一道完成最后一轮庭审商谈。

最后，笔者要指出，法官是庭审的主持者，被赋予庭审指挥权，所以法官在庭审中注定会发挥很大的作用，甚至商谈型庭审模式的建立与巩固在很大程度上也有赖于法官群体的一致努力。律师一方面应正视该问题；另一方面也必须充分发挥主观能动性，凭借专业的精神和能力致力于在庭审中与其他诉讼主体进行卓有成效的商谈。

行政诉讼案件办理之道

李　阳[1]

[1] 李阳，律师，法学硕士。

我国的行政诉讼制度肇始于1982年10月1日起试行的《民事诉讼法(试行)》。第七届全国人民代表大会第二次会议通过的《行政诉讼法》，自1990年10月1日起施行。《行政诉讼法》的颁布施行，标志着我国行政诉讼制度的正式建立。随着依法治国的逐步推进，越来越多的行政违法行为通过行政诉讼得以纠正，越来越多的行政争议通过行政诉讼得以化解，行政诉讼制度在30余年的历程中焕发出强大的生命力。

行政诉讼的发展离不开律师的参与。作为一名行政法专业律师，行政诉讼业务是笔者工作的重要组成部分，也是笔者的主要兴趣来源。如何办好行政诉讼案件，是笔者一直在思考的问题。过往的执业实践中，也总结了一些经验。今撰此小文，以飨读者。

一、注重日常积累

行政法对应的是形形色色的行政领域，规范的是各式各样的行政活动，其数量之多、内容之细可想而知，可谓“广到天边、细到针尖”。当前，我国行政法的数量在法律中的比例颇大。在法律之下，尚有大量的行政法规、地方性法规、部门规章、政府规章和行政规范性文件等。此外，党内法规和规范性文件也涉及大量与行政管理相关的内容。随着行政审判职能的不断拓宽，最高人民法院通过制定司法解释、法官会议纪要及其他审判业务文件，发布指导性案例、典型案例、公报案例等形式，进一步充实、完善了行政法律制度。这些内容数量庞大、变化频繁，掌握起来殊非易事。

熟稔法条和案例是律师的基本功。面对纷繁复杂的案件，解决问题的智慧不会来自灵光乍现，而是在于平时对法条和案例的思考沉淀。这就要求律师做一个有心人，及时整理相关资料。笔者的做法是：（1）对于基础性的法律应当精读，最好与释义类读本对照阅读，核心条款应当能够背诵；（2）对于其他法律可以泛读，遇到专门问题再作研究；（3）准备1~2本经典教科书，作为工具书随时查考；（4）阅读行政法类相关期刊，掌握最新动态。

总而言之，办好行政诉讼案件必须熟知法律政策和相关案例，包括行政法理论著作，应当经常读、反复读、带着问题读，同时注重写好笔记、做好批注，力求融会贯通。这些材料中暗藏着打开法律谜题的钥匙，只有勤奋的有心人才能发现并加以利用。

二、树立全局意识

行政诉讼是为了解决行政争议，前者是手段，后者才是目的。因此，在设计诉讼策略时，应当始终站在解决行政争议的高度，认真梳理行政争议所涉及的行政行为，厘清相应的行政法律关系。哪些行政行为是没有争议的，哪些行政行为是有争议的，启动行政诉讼的目的是什么，诉讼的先后时序应当怎样排列，是否需要行政诉讼之外的手段进行辅助。凡此种种，都要做到心中有数，因时因势调整优化。

实践中常常有个误区：盲目选择行政行为，贪多求全，误以为诉的行政行为越多，效果越好。实际上，诉的多不如诉的准，盲目出击不如一击必中。

三、把握起诉条件

相较于民商事案件，行政案件的起诉条件要复杂得多。代理行政相对人时，应当对照法定条件设计诉讼方案，让诉讼进入实体审查；代理行政主体时，则应认真审查原告的起诉，发现问题则应提出程序性抗辩。由于起诉条件较为复杂，本文难以详尽阐述，故择其要者介绍如下：

（一）关于行为

一个行为究竟是否为可诉的行政行为，应当放在首位考虑。可诉的行政行为需要兼具单方性、个别性、法效性，律师通常可以对照以上三个特征进行判断。此外，还应当审查是否属于不可诉的行政行为：（1）《刑事诉讼法》授权行为；（2）调解、仲裁、行政指导行为；（3）重复处理行为；（4）内部行为；（5）过程性行为；（6）司法协助执行行为；（7）层级监督行为；（8）信访行为；（9）其他不产生实际影响的行为；（10）国家行为；（11）抽象行政行为；（12）公务员管理行为；（13）行政机关终裁行为。

（二）关于诉讼主体

行政相对人是否具有原告资格取决于其与行政行为之间是否具有利害关系。遇到难以界定利害关系的情况时，律师可以考虑适用“保护规范理论”，其核心含义是：以行政机关作出行政行为时所依据的行政实体法和所适用的行政实体法律规范体系，是否要求行政机关考虑、尊重和保护原告诉请保护的权利或法律上的利益，作为判断是否存在公法上利害关系的重要标准。这一理论经最高人民法院审理的“刘某明案”“联立公司案”援引后，成为一种判断利害关系较为经典的理论，指导意义较强。

针对行政主体而言，被告主体是否适格，有一句很简洁的口诀：谁行为，谁为被告；行为者，能为处分。换言之，先看是谁作出的行政行为，再看作出者是否有权对争议标的进行处分。经过这一层次的分析，得出的结论基本上是正确的。当然，律师还需要考虑行政复议以及特殊情况下推定被告制度对适格被告的影响。

此外，案件的适格被告究竟是谁，起诉前可能无法准确确定。在某些情况下，需要进行实体审理后才能确认。所以在这个问题上，不必谨小慎微。问题一时搞不清楚，律师可以把自己认为该列的被告列上去。如果所列被告有误，法院会进行释明，律师按照释明要求进行调整即可。

（三）关于起诉期限

起诉期限一旦届满，行政相对人即丧失请求诉讼保护的权利。这里的逻辑判断层次为：（1）确定行为作出时间，审查是否超出最长诉讼保护期限；（2）确定行政相对人知道或者应当知道行政行为的时间，判断起诉期限起算时点；（3）以行政行为是否告知诉权为标准，确定起诉期限是否按照1年来计算；（4）查看起诉期限是否有特殊的法律规定；（5）如果起诉期限超出，是否有正当理由。此外，行政协议案件还需要考虑诉讼时效问题，这里不再展开。

（四）关于诉的利益

诉的利益指的是当事人的请求是否有起诉的价值。换言之，它解决的不是能不能告的问题，而是值不值得告的问题，或者说，是诉讼资源值不值得耗费的问题。诉的利益本质上是一种法律原则，而非法律规则，具有衡平意味。

缺乏诉的利益大致可以分为以下几种情况：（1）无效率的权利保护，笔者称作“舍近求远型”，如不起诉行政行为，却起诉要求上级履行监督职责；（2）无用的权利保护，笔者称作“徒劳无功型”，如对行政行为结果满意，却对理由有异议进而提起诉讼；（3）滥用诉讼权利，笔者称作“刻意滋扰型”，如陆某式的政府信息公开申请；[①]（4）权利保护的抛弃，笔者称作“背信弃义型”，如签订息诉罢访协议后继续起诉的。

（五）关于管辖法院

首先应该考虑，案件是否属于专门管辖，即是否应当由海事法院、金融法院、知识产权法院、互联网法院等专门法院管辖；然后再按照行政诉讼法确定的专属管辖、级别管辖、地域管辖的规定，来确定管辖法院。

这里有一点需要注意：行政诉讼管辖制度目前还处于改革阶段，不同地区的管辖制度可能存在差异：有的是统一提级管辖、有的是相对集中管辖（有的是全部案件集中管辖、有的是特定案件集中管辖）、有的是异地交叉管辖、有的交叉法院还定期轮换、有的还实行全域管辖。律师一定要事先了解清楚当地的行政案件管辖机制，恰当地选择对己方最有利的法院。

四、形成诉讼类型化思维

行政争议与诉讼类型的关系，就是锁与匙的关系。能否打开行政争议

---

① 陆某诉南通市发展和改革委员会政府信息公开答复案，载《最高人民法院公报》2015年第11期。

之锁，关键在于是否找到了诉讼类型之匙。不同的诉讼类型对应不同的起诉条件及权利保护要件，审查重点也各有特色。

梳理我国行政诉讼的诉讼类型，大致分为以下十种：（1）撤销之诉；（2）变更之诉；（3）课以义务之诉；（4）一般给付之诉；（5）确认违法之诉；（6）确认无效之诉；（7）赔偿补偿之诉；（8）行政协议之诉（该类诉讼自成体系，在此不作展开）；（9）附带审查之诉；（10）一并解决民事争议之诉。在提起行政诉讼之前，律师应当认真拣选相应的诉讼类型，根据诉讼的发展情况，适时转换或者调整。

五、掌握合法性审查的要领

传统行政诉讼以撤销之诉为主，以审查行政行为的合法性为核心要旨，以合法性审查为主要方法。给付之诉、行政协议之诉、行政赔偿之诉虽然与撤销之诉有较大区别，但是合法性审查仍发挥着不可替代的作用。

合法性审查共分为以下内容：（1）是否超越职权，包括事务管辖、层级管辖、地域管辖；（2）主要证据是否确实充分，这里涉及行政行为要件事实的判定及证据规则的运用；（3）适用法律规范是否正确；（4）是否违反法定程序；（5）是否存在滥用职权、明显不当等。

六、写好法律文书

法律文书有多种写法，不同的律师有不同的写作风格，并无优劣之分。笔者有以下三点体会：

（1）行文简洁。多用短句，恰当分段，少用连接词，少用过渡语。多设小标题，一个段落只讲一件事情。让一个对案情一无所知的人，一眼看去，就能了解案情梗概。

（2）用语准确。行政法中有很多类似的名词，如“审核”与“审批”、“批准”与“核准”、“复查”与“复审”、“补偿”与“赔偿”、“责令”与“责成”，一定要认真考证，选择最准确的用词，切忌想当然。

（3）切中肯綮。作为原告，不要四面出击，要将有限的笔墨聚焦在几个重要论点上；作为被告，不要程式化答辩，重点在于反驳原告的论点。有话则长，无话则短，有时仅片言即可折之，有时需详言而后决之。

七、把握庭审机会

庭审不是一场表演，而是律师说服法官的重要机会。庭审无须面面俱到，而要聚焦争议焦点展开阐述，对于细枝末节没有必要在意。律师在庭审中要特别注意法庭的发问，这些问题揭示了法官对待审案件的疑虑，一定要认真对待。庭审中讲得不完善甚至不准确的地方，庭后要及时以代理词的方式进行补救。

八、其　他

（1）在涉及城建类、自然资源类的行政案件中，一定要亲临现场、实地查看。现场查看带来的直观感，是律师翻看再多资料也代替不了的。

（2）办理行政案件，律师应当抓住一切机会，努力促成调解。对于行政相对人而言，调解能够获得的利益往往比裁判要多；对于行政主体而言，调解能够实现案结事了，彻底化解行政争议。

行政诉讼制度已经走过 30 多年，这是公权力日益得到规范的 30 多年，也是私权利日益得到尊重的 30 多年。律师作为建设社会主义法治国家的重要力量，理应在行政法治领域作出自己的贡献。

政府信息依申请公开“九步法”

郭天奇[1]

[1] 郭天奇，律师，法学学士。

政府信息公开制度对于民众依法获取政府信息、促进依法行政、推动法治政府建设具有重要作用。《政府信息公开条例》于2008年5月1日起施行，保障政府信息公开有法可依。2019年5月15日，新修订的《政府信息公开条例》施行，明确了行政机关公开政府信息"应当坚持以公开为常态、不公开为例外"，完善了依申请公开的程序规定，政府信息公开制度更加适应社会发展的需求，能更好地保障人民群众的权利。

在我们为各级行政机关担任法律顾问期间，经常会接到关于政府信息公开的咨询，尤其是申请人提出的政府信息公开申请。政府信息公开申请的情况各不相同，但只要依照《政府信息公开条例》的规定，把握办理政府信息依申请公开的逻辑顺序，就能在纷繁复杂的问题中找到方向，依法对申请人作出答复。笔者根据日常工作中积累的经验，将政府信息依申请公开的办理流程总结为前期、中期、后期三个阶段共计九个步骤，通过简洁明了地阐述，大家更为直观地了解如何办理政府信息依申请公开事项。

一、前期：行政机关应当及时、准确地公开政府信息

在收到政府信息公开申请后，政府信息依申请公开的办理就已经开始了，很多行政机关往往重视政府信息公开的内容而忽视了前期的相关工作，导致错过了要求补正的时间，抑或逾期作出答复，甚至因前期工作没有到位而导致败诉。笔者将前期工作归纳为以下三个步骤：

第一步：确认时间，明确政府信息公开申请何时收到

根据《政府信息公开条例》第 31 条的规定，行政机关收到政府信息公开申请的时间按照不同的申请方式确定（见表 4 －1）：

表 4 －1　确认收到政府信息公开申请的时间

<table>
<tr><th>申请方式</th><th>收到申请之日</th><th>备　注</th></tr>
<tr><td>当面提交</td><td>提交之日</td><td>申请人填写的落款日期应当与提交日期一致，以防影响答复期限的认定。</td></tr>
<tr><td>邮寄方式</td><td>签收之日</td><td>以平常信函等无须签收的邮寄方式提交的，与申请人确认之日为收到之日。</td></tr>
<tr><td>互联网渠道</td><td>双方确认之日</td><td rowspan="2">行政机关应当及时关注已公开的接收政府信息公开申请的邮箱、网页、传真。</td></tr>
<tr><td>传真</td><td>双方确认之日</td></tr>
</table>

此处尤其要注意申请人以邮寄方式提交政府信息公开申请，往往行政机关由收发室签收邮件后再转交至业务处室，而办理政府信息公开申请的一般是办公室，但一些申请人并不会在邮件快递单中备注“政府信息公开申请”，使收发室在分发邮件时可能将该邮件分发至其他业务处室。而其他的业务处室可能缺乏政府信息公开申请的经验，或是申请人提交的申请内容并不明确，导致邮件明明已签收，但答复却一再搁置，最后转交至办公室时已超过答复期限，从而因程序违法而导致败诉。因此，建议行政机关各部门提前了解政府信息公开申请的形式，在其他业务处室收到申请后及时转交至办公室。同时，律师在接到政府信息依申请公开相关咨询后，第一步就要确认收到申请的时间，以确定答复期限。若答复期限已剩余较短或是已超期，则应当立即反馈对接人员，并将风险以书面形式予以提示。

第二步：查看内容，判断是否属于本机关需答复的申请

1. 判断是否为政府信息公开申请

部分申请人因认知上的偏差，提出的政府信息公开申请可能实际是信访、投诉、举报或者是咨询、询问等事项，此时律师应建议行政机关告知申请人该事项不作为政府信息公开申请处理并告知其可以通过相应渠道提出。

申请人提出的申请内容为要求行政机关提供政府公报、报刊、书籍等公开出版物的，行政机关可以告知获取的途径。

2. 判断是否属于本行政机关负责公开

根据《政府信息公开条例》第 36 条第 5 项的规定，申请公开的信息属于其他行政机关职责范围、本机关不掌握的，行政机关告知申请人并说明理由；能够确定负责公开该政府信息的行政机关的，告知申请人该行政机关的名称、联系方式。此处要注意，告知申请人向其他行政机关进行申请，必须确定申请人申请公开的政府信息属于该行政机关负责公开的内容，同时提供给申请人的名称和联系方式应当准确无误，若无法确定则不必勉强，否则可能因告知内容误导了申请人而带来不必要的纠纷。

若申请人申请的内容属于党务信息，可以以“申请信息适用《中国共产党党务公开条例（试行）》，本机关不予公开，特此告知”答复申请人。相关信息如已获取并可以公开的，可以便民提供给申请人。①

3. 判断有没有重复申请

行政机关已就申请人提出的政府信息公开申请作出答复、申请人重复申请公开相同政府信息的，告知申请人不予重复处理。此处需要注意的

① 参见《国务院办公厅政府信息与政务公开办公室关于转发〈江苏省政府信息公开申请办理答复规范〉的函》（国办公开办函〔2020〕2 号）。

是，告知不予重复处理要同时满足三个条件，即同一行政机关、同一申请人、提出相同政府信息公开申请内容。如果是其他行政机关已作出答复，申请人向本机关提出申请的，应当予以处理。

4. 判断是否存在无正当理由大量反复申请

申请人申请公开政府信息的数量、频次明显超过合理范围，行政机关可以要求申请人说明理由。行政机关认为申请理由不合理的，告知申请人不予处理。对于何种情形属于“数量、频次明显超过合理范围”，则需要行政机关自行判断。

在最高人民法院公报案例“陆某诉南通市发展和改革委员会政府信息公开答复案”① 中，二审法院认为：“陆某持续申请公开众多政府信息，借此表达自己不满情绪，通过重复、大量提起信息公开的方式给有关部门施压，从而达到实现拆迁补偿安置利益最大化目的。这种行为已经明显偏离了公民依法、理性、正当行使知情权和监督权的正常轨道，超过了正当行使知情权的合理限度，背离了政府信息公开制度的初衷与立法目的，故一审法院认定陆某滥用获取政府信息权是适当的。”根据法院查明的事实，2013 年至 2015 年，陆某及其家人分别向南通市政府、发改委、规划局等多个部门，提出近 100 次政府信息公开申请。

与该案件类似的情形在现实中比较少见，在没有明确依据的情况下，建议行政机关不要贸然适用该条规定，可以按照《政府信息公开信息处理费管理办法》，向申请公开政府信息超出一定数量或者频次范围的申请人收取费用，以期引导申请人合理行使权利。

5. 判断对信息的获取是否有特别规定

《政府信息公开条例》第 36 条第 7 项规定，“所申请公开信息属于工

---

① 载《最高人民法院公报》2015 年第 11 期。

商、不动产登记资料等信息，有关法律、行政法规对信息的获取有特别规定的，告知申请人依照有关法律、行政法规的规定办理”。因此，如果有特别规定，应当告知申请人按照相关规定办理，而非通过申请政府信息公开的方式获取。

第三步：确认内容，判断政府信息公开申请是否需要补正

部分申请人在提出政府信息公开申请时可能无法非常准确地对需要的信息进行描述，笔者在为行政机关提供服务过程中也曾收到过申请人提出要求公开“××地块征收相关材料”这样非常笼统的申请。为了使行政机关准确地查找申请人需要的政府信息，依法对申请人作出答复，首先必须明确申请人需要的究竟是何种政府信息。根据《政府信息公开条例》第30条的规定，申请人无正当理由逾期不补正的，视为放弃申请，补正这一环节对于申请人可能会产生较大影响，因此要谨慎采取补正告知，补正告知的内容必须清楚、明确。

1. 什么情况下需要补正

《政府信息公开条例》第30条明确补正的情形为“政府信息公开申请内容不明确”，但是对于什么是“不明确”并没有细化。国务院办公厅政府信息与政务公开办公室在2020年1月10日转发《江苏省政府信息公开申请办理答复规范》，认为该规范对《政府信息公开条例》理解准确、可操作性强，对于规范依申请公开工作、减少不必要行政争议，具有重要参考价值。可参考《江苏省政府信息公开申请办理答复规范》的规定，对以下情形，行政机关可以告知申请人作出补正：申请人未提供姓名或者名称、身份证明、联系方式；申请公开的政府信息的名称、文号或者其他特征性描述不明确或有歧义；申请公开的政府信息的形式要求不明确，包括未明确获取信息的方式、途径等。

2. 如何进行补正告知

行政机关收到申请之日起 7 个工作日内一次性告知申请人作出补正，说明需要补正的事项和合理的补正期限。这里有几个注意要点：

（1）补正的告知时间。补正应当在收到申请之日起 7 个工作日内一次性告知，结合第一步确认时间，及时将政府信息公开申请转交职能机构尤为重要，如果没有及时审查申请内容作出补正告知，则可能面临无法作出正确答复的尴尬境地。

（2）补正的内容。根据前述需要补正的情形，申请人提出的申请缺少哪些信息一次性予以告知。为使补正更加准确，建议行政机关在发送补正告知前与申请人电话沟通联系，明确申请人的申请需求，再以相应的方式予以固定。在补正告知中，以申请人容易看懂的语言向申请人确认其需要的内容，例如，写明“你需要的是不是某某信息”，让申请人做“判断题”而不是“简答题”，以免补正之后仍然无法确定申请事项。

（3）补正的期限。给予申请人的合理补正期限可参照征求第三方意见时间，一般不超过 15 个工作日。

3. 补正有什么样的结果

申请人按照要求进行补正的，政府信息公开答复期限从行政机关收到补正的申请之日计算。

申请人没有按照要求进行补正的，包括无正当理由逾期不补正的，视为放弃申请，行政机关不再处理该政府信息公开申请；申请人回复的内容与原先申请的内容一致的，可以认为申请人没有进行补正，行政机关可以与申请人再次电话沟通，明确其所需要获取的政府信息，如果仍然无法明确的，可依据客观事实作出无法提供的决定。

二、中期：以公开为常态，不公开为例外

经过前期的判断，申请人的申请要求已明确，接下来则进入对信息的检索、研判阶段。这一阶段对于办理政府信息依申请公开尤为重要，如何避免败诉风险、如何公开政府信息，笔者将中期工作归纳为以下四个步骤：

第四步：检索信息，确认有没有政府信息

《政府信息公开条例》第36条第4项明确规定，“经检索没有所申请公开信息的，告知申请人该政府信息不存在”。但是，如果申请人对答复不服提出行政复议或行政诉讼，行政机关则需要证明确实经过了检索、检索是合理且有效的、经过了检索信息不存在。检索的过程必须留痕，如通过拍照、录像等方式记录工作人员在档案室查找的过程，对平台系统中的信息资源进行检索可通过截图证明信息确实不存在。另外，有些行政机关会通过组织协调会的方式将所有与该信息有关的人召集起来，确认信息存放地点、存放方式，会议纪要可以作为证明行政机关对信息进行检索的证据。

需要注意的是，通过信息平台、政府资源库检索信息，应当通过提取关键词的方式进行检索，而不是直接将申请人的申请内容全部输入搜索栏中，因政府信息储存时的名称和申请人申请的名称可能存在差异，如果只是原封不动地进行检索，可能会有遗漏。

这里需要说明一个误区，如果经过查找，申请人需要的政府信息确实因为保管不当、资料遗失或是从未制作而不存在的，即使该政府信息确实属于行政机关应当制作或保管的信息，答复申请人时也应当如实告知其信

息不存在。

第五步：注意期限，判断是否需要延长答复期限

《政府信息公开条例》第33条第2款规定：“行政机关不能当场答复的，应当自收到申请之日起20个工作日内予以答复；需要延长答复期限的，应当经政府信息公开工作机构负责人同意并告知申请人，延长的期限最长不得超过20个工作日。”该规定明确了政府信息依申请公开的答复期限和延期答复的期限，具体有以下细节值得注意：

1. 20个工作日如何起算

笔者在日常工作中经常接到行政机关的咨询，其中有个共性的问题就是20个工作日如何起算，是从收到政府信息公开申请当日还是次日起计算？实际上国务院办公厅曾对这一问题作出过规定。《国务院办公厅政府信息与政务公开办公室关于政府信息公开期限有关问题的解释》明确规定：“信息公开处理期限，自收到申请之日的次日起计算。”结合第一步明确的收到申请之日，即可明确行政机关作出答复的日期。

2. 什么条件下可以延长答复期限

笔者在代理一起政府信息公开行政复议案件时曾与复议机关工作人员就延长答复期限的条件展开讨论，该工作人员认为我方必须举证证明确实发生了需要延长答复期限的情形，否则就认为该案中存在程序违法。笔者对此持反对意见，《政府信息公开条例》没有规定必须达到某种条件才可以延期，这种延期实际上属于行政机关的程序性权利。有学者亦认为，“按照本条例规定，不需要任何条件，政府信息公开工作机构负责人认为有必要的，就可以延长期限”。[①]

---

① 后向东：《中华人民共和国政府信息公开条例（2019）理解与适用》，中国法制出版社2019年版，第72页。

3. 延长答复期限如何证明

《政府信息公开条例》中并没有明确要求行政机关以何种证据证明延期答复已经过负责人同意，但是一旦进入复议、诉讼程序，行政机关必须提交证据证明延长答复期限的合法性，因此建议行政机关通过书面形式留存负责人同意的证明材料。

第六步：分析信息，判断是否会损害第三方合法权益

《政府信息公开条例》第 15 条规定，涉及商业秘密、个人隐私等公开会对第三方合法权益造成损害的政府信息，行政机关不得公开。很多时候行政机关会有误解，认为但凡涉及第三方的就一定不能公开。实际上这样的理解是不正确的，行政机关在面临申请的政府信息可能涉及第三方合法权益时，可以参考以下步骤进行判断：

1. 公开政府信息是否会对第三方合法权益造成损害

不是只要涉及第三方，行政机关就必须征求第三方的意见。行政机关要判断公开该政府信息是否会对第三方的合法权益造成损害，只有在经过初步判断认为可能涉及第三方合法权益时，才需要书面征求第三方的意见。例如，笔者团队其他律师曾在担任某行政机关顾问律师时，遇到过申请人要求公开我国台湾地区某明星的大陆往来通行证，因涉及该明星的个人隐私，律师建议行政机关通过经纪公司征求明星本人的意见。

2. 分析第三方不同意公开是否有合理理由

不是第三方回复不同意公开，行政机关就可以以此为理由作出不予公开的决定。行政机关应当对第三方回复的理由进行分析研判，并且如果商业秘密、个人隐私可以进行区分处理的，行政机关应当向申请人提供可以公开的政府信息内容，并对不予公开的内容说明理由。笔者曾在担任某街道办事处法律顾问过程中，收到申请人要求公开其所在村其他村民签订的

征收安置补偿协议的申请，最终在隐去了其他村民的身份证号等个人信息后，将该政府信息向该申请人公开。

第七步：梳理信息，区分不同情形作出答复

《政府信息公开条例》第36条明确了行政机关根据不同情况对申请人分别作出答复，结合“以公开为常态、不公开为例外”的原则，除非存在不公开的例外情形，其他政府信息均应当公开。具体见表4－2：

表4－2　区分不同情形决定政府信息公开与否

情形	是否公开	法规条文
依法确定为国家秘密的政府信息	不予公开	第14条
法律、行政法规禁止公开的政府信息	不予公开	第14条
公开后可能危及国家安全、公共安全、经济安全、社会稳定的政府信息	不予公开	第14条
涉及商业秘密、个人隐私等公开会对第三方合法权益造成损害的政府信息	不予公开	第15条
行政机关的内部事务信息，包括人事管理、后勤管理、内部工作流程等方面的信息	可以不予公开	第16条
行政机关在履行行政管理职能过程中形成的讨论记录、过程稿、磋商信函、请示报告等过程性信息	可以不予公开	第16条
行政执法案卷信息	可以不予公开	第16条
需要行政机关对现有政府信息进行加工、分析的	可以不予提供	第38条
所申请公开信息已经主动公开的	告知申请人获取该政府信息的方式、途径	第36条第1项
所申请公开信息可以公开的	向申请人作出书面决定并提供该政府信息	第36条第2项
近期内将主动公开的	告知申请人获取该政府信息的方式、途径和时间	第36条第2项

上述表格已将不同情形逐一进行分析，但有一些细节要点仍需引起注意。在行政机关以政府信息属于国家秘密为由告知申请人后，若案件进入复议、诉讼阶段，切记不可将该政府信息作为证据提交，否则会泄露国家秘密。并非所有过程性信息都可以不予公开，例如，某份会议纪要成为行政机关履职的依据，使内部行政行为外部化，则该会议纪要仍应当公开。

三、后期：公正、公平、合法、便民

按照前述步骤，已经对申请人申请的政府信息进行了分析研判，并根据不同情形逐一进行梳理。但政府信息依申请公开的办理流程并未结束，笔者将后期工作归纳为以下两个步骤：

第八步：合理行权，判断是否收取信息处理费

根据《政府信息公开信息处理费管理办法》的规定，行政机关向申请公开政府信息超出一定数量或者频次范围的申请人收取费用。收费方式有两种，可以按件计收，也可以按量计收，申请人的一份政府信息公开申请包含多项内容的，行政机关可以按照“一事一申请”原则，以合理的最小单位拆分计算件数。即一个政府信息公开申请只对应一个政府信息项目。按量计收以单件政府信息公开申请为单位分别计算页数，A4 及以下幅面纸张的单面为 1 页。

申请人应当在收到收费通知次日起 20 个工作日内缴纳费用，逾期未缴纳的视为放弃申请，行政机关不再处理该政府信息公开申请。行政机关应当留存向申请人送达收费通知的凭证。另外，政府信息公开申请处理期限

从申请人完成缴费次日起重新计算。

第九步：依法行政，在答复期限内将政府信息送达申请人

关于答复期限在前文已有阐述，建议行政机关不要在答复期限的最后一天进行送达工作，以防发生意外导致逾期答复。送达有多种方式，在接收申请人的政府信息公开申请时，就应当与其明确送达政府信息的方式以及与之对应的可以收到政府信息的地址、电话、邮箱、传真号等，送达的方法可参考《民事诉讼法》的规定。

邮寄送达必须留有答复文书的复印件，同时务必保存好快递邮寄底单。如果通过 EMS 邮政快递寄出，则应当在寄出后通过 EMS 官方网站确认该快递已签收，并及时保存签收页面截图，因 EMS 网站中快递签收信息不会永久保留，及时保存截图可供日后发生纠纷后举证之用。若通过电子邮件方式送达，建议通过官方接收政府信息公开申请的邮箱进行回复，同时一定要确认附件中的内容是否即为政府信息公开答复书，避免因操作失误造成败诉或引起不必要的纠纷。

政府信息依申请公开的办理工作较为烦琐，实践中往往需要律师与行政机关各部门工作人员的配合，但政府信息依申请公开对于依法行政又尤为重要，一方面关系到人民群众的知情权、监督权，另一方面也关系到行政机关法治政府建设的能力提升。本文将政府信息依申请公开可能涉及的比较重要的步骤逐一进行分析阐述，但实务工作存在诸多不确定性，笔者也无法在本文中预设所有的可能性，期待以这篇文章作为桥梁，与行政机关及法律职业共同体工作人员共同探讨、交流政府信息公开相关问题。

刑事庭审的说服之道

朱　凯[1]

[1] 朱凯，律师，法学硕士。

一、刑事庭审说服的特点

“说服”，是我们日常生活中的常用词语。《现代汉语词典》对“说服”一词的解释是：用理由充分的话使对方心服。在心理学中，“说服”是指“人们通过沟通来影响他人的态度和行为的方式”。在交际学中，“说服”是指“向对方说理，使之接受，试图使对方的态度、行为朝特定方向改变的一种影响意图的沟通”。无论哪一种解释，我们都能发现“说服”的核心要义有二：一是“说”，即使用言语进行沟通，充分说明理由；二是“服”，即对他人产生影响，使之听从自己的意见。

众所周知，刑事庭审是刑事诉讼过程中最核心、最精彩的一个环节。在庄严的法庭上，法官端坐中央，控辩双方交替发言，围绕案件的事实、证据，定罪、量刑等问题发表各自的观点，努力让合议庭采纳后作出于己有利的判决，这是刑事庭审中最常见的情景。

对照上述“说服”的解释，我们发现，控辩双方在刑事庭审中的表现，本质上就是一种对法庭的“说服”。刑事庭审背景下的说服，具有以下几个特点：

（一）特定的时空性

首先，刑事庭审说服，发生在刑事法庭上。一方面，刑事法庭是非常严肃的场所。在这种场合、压力之下，正常说话本身就是一件困难的事情，以至于很多被告人在法庭发言时结结巴巴、磕磕绊绊、前言不搭后语。更何况，控辩双方的任务是更进一步说“服”，难度之大可想而知。另一方面，刑事庭审的在场人员众多，不仅有审判区的公诉人、被告人、辩护人、法官、书记员，还有旁听区的旁听人员，甚至媒体人员。他们的一举一动，会受到控辩双方说服行为的影响，反过来也会影响双方的说服。比如，有的被告人在公诉人发表意见时会目光呆滞、无精打采，而在自己的辩护人发表意见时又两眼放光、翘首以盼；辩护人在为暴力犯罪的被告人辩护时，被害人及其家属经常表现出愤怒、憎恶的情绪，甚至有辱骂、殴打辩护人的举动。另外，在互联网时代，网络庭审直播的观看者也是广义上的庭审“现场”人员，会通过观看、评论等方式影响控辩双方的说服。

其次，刑事庭审说服，发生在庭审进程中。一方面，刑事庭审的开庭时间必须事先确定，因为审判区的众多诉讼参与人都必须在这个时间段内全程参加诉讼。协调这么多人的时间安排，本身就是一件难事。所以，法院通常会提前几天、十几天就发出出庭通知，而开庭时间一旦确定，一般就不会更改。由此可见，刑事庭审说服的机会是非常宝贵的。另一方面，刑事庭审是在审判长或独任审判员的主持下进行的，所以控辩双方的说服工作都必须按照既定的规则进行，不能随意发挥。比如，在证据的质证环节，控辩双方只能就某一证据的“三性”发表意见，不应由此发散，直接发表指控、辩护意见；辩护人的发问，可能被公诉人以诱导性发问为由而提出反对，反之亦然。另外，由于客观条件的限制，刑事庭审的说服工作有时会被限制、压缩在一定的范围内。例如，新冠肺炎疫情暴发以来，很多刑事案件的庭审改以线上视频的方式进行，部分被告人、辩护人无法到达庭审现场，导致控辩双方的某些说服工作（如肢体语言的表达、眼神的交流等）无法正常开展。

（二）全程的互动性

刑事庭审的说服是双向的：控方想要努力说服法庭，采纳己方提出的指控意见；辩方想要努力说服法庭，采纳己方提出的被告人无罪、罪轻的意见。一般情况下，控辩双方的主张是相互对立的，用“针尖对麦芒”来形容一点也不过分。为了说服法庭采纳己方的意见，控辩双方在努力证明己方主张有充分依据、应予采纳的同时，还要千方百计地证明对方的主张有错误或者依据不足。法庭上，控辩双方在审判长的主持下你来我往、针锋相对，是庭审过程中的常见现象，这符合开展刑事庭审活动的初衷，也正是刑事庭审的魅力所在。

随着认罪认罚制度的确立和深入推进，越来越多的刑事庭审按照认罪认罚程序来进行。法庭上，控辩双方关于案件应当如何处理的主张常常高度一致。想象中剑拔弩张的场面没有出现，庭审过程反而显得一团和气、十分和谐。那么，这些案件的庭审中，是不是就没有控辩双方的互动呢？或者说，已经不存在说服呢？答案显然是否定的。尽管控辩双方已经就案件的定罪、量刑等问题达成了一致意见，但该意见能否被法庭采纳，仍是不确定的。这种情况下的庭审过程，仍然存在说服。只不过，控辩双方不是相互对立地各自说服，而是目标一致地共同说服。而且，在某些细节上，控辩双方的意见可能不完全一致。比如，双方就建议量刑幅度为有期徒刑 3 年至 4 年达成了一致，但辩方更倾向于说服法庭就低判处 3 年。这些情形下，控辩双方仍然需要通过互动来说服法庭采纳己方的某一具体意见。

（三）强烈的即时性

刑事庭审，在性质上就是一场比赛，控辩双方是运动员，法庭是裁判员。既然是比赛，就必然是正式的、不可逆的。所谓“落子无悔”“一锤定音”，说的就是这个意思。法庭上，控辩双方说的每一句话、每一个字，都关乎“说服”的最终效果，必须慎重，切不可出错。因为一旦说错了，就是不可挽回的，已经进行的庭审活动不可能逆转。正是基于即时性的特征，我们发现，刑事庭审过程中的控辩双方都是精神高度集中的，不仅要在己方发言时精确用语、用心表达，还要在对方发言时不停地记录、查资料、与同伴交流、拟定新的发言提纲。由此带来的巨大压力对控辩双方来说，都是严峻的挑战。尤其是在案情复杂、争议点多、持续时间长的案件中，刑事庭审的说服工作不仅考验控辩双方的脑力，还要考验双方的体力。

刑事庭审过程中，控辩双方交替发言，不仅要按照己方的预定计划发表意见，还要立即对对方发表的意见予以回应，并根据现场的实际情况，及时调整己方的庭审策略。相对而言，回应对方的意见是更困难的事情。在法庭上，控辩双方为了增强己方的说服力，必须对对方的意见予以及时、有力的回击。例如，控方认为在案证据之间不存在矛盾，足以形成闭合的证据链条，那么辩方就必须立即回应，在案的某证据与某证据之间还存在矛盾，或者还有其他的合理怀疑，证据链条尚未闭合，并予以详细分析、说明。需要注意的是，对方的意见有时是可以预判的，己方就要据此做好回应准备，甚至可以更进一步预判出对方会如何预判己方，即“我预判了你的预判”。控辩双方在不断地预判与反预判中逐步提高说服水平。准确地预判出对方的意见，不仅需要对案情深入了解、思考，更需要实践经验的积累。当然，有时对方的意见会完全出乎意料，让人措手不及，这时就要考验己方的临场反应能力。如何在短时间内迅速地对没有预想到的对方意见予以回应，是对说服功底更高层次的考验。总之，为了在刑事庭审中说服法官，既需要事先做好充分准备，也需要在法庭上随机应变、机动灵活。

二、刑事庭审的说服要领

在深入了解刑事庭审说服的特征的基础上，我们再来谈谈做好刑事庭审说服的几个要领。

（一）以说服法庭为目的

刑事庭审中，控辩双方唇枪舌剑、剑拔弩张的最终目的，正是要说服法官。庭审之前，辩护人应尽量去了解当地法院、承办法官的既往类似判例，分析他们的裁判思路、关注焦点和判断标准，乃至了解合议庭成员的个人背景情况，这些都是很有必要的功课，对于顺利说服法庭具有重要的意义。

实践中，关于庭审说服的目的，有两种错误想法需要澄清：

第一种可称为“狂怼派”。持该想法的人认为，刑事庭审的关键在于反驳对方，最好把对方驳斥得体无完肤、一无是处，那么法官就会接受己方的意见。所以，对方提出的每一个观点、说出的每一句话语，己方都要予以反驳，具体的表现就是“狂怼”，以频繁地“疯狂输出”为能耐，恨不得连对方提出“1+1=2”都要反驳一番。诚然，批驳对方观点，是说服法官采纳己方意见的一个有效办法，但需要注意的是，反驳对方只是手段，而不是目的。刑事庭审需要辩论，但它并不是一场辩论赛。控辩双方不是为了争夺最佳辩手，也不可能说服对方接受己方的观点。而且，过度的“狂怼”，会让法官觉得己方太过强势、得理不饶人，甚至是强词夺理、蛮不讲理，从而引起法官的反感。这显然不利于实现说服法官的目的。

第二种可称为“煽情派”。持该想法的人认为，刑事庭审的关键在于让旁听者认同己方的观点，最好是让他们为己方叫好、鼓掌，这样法官就会采纳己方的观点。这类说服者在法庭上的发言往往很煽情，甚至具有煽动性，要么“痛说革命家史”，讲述当事人的过往辉煌或斑斑劣迹，渲染当事人的高大形象或丑恶形象；要么义愤填膺，诉说当事人往日遭遇的种种不公，催人泪下，大有“命苦赖政府”的味道；要么慷慨激昂，痛陈被害人或侦查人员的种种不是，仿佛应该接受审判的不是被告人。“煽情派”参加刑事庭审，更注重的是己方行为的“煽情指数”，具有明显的表演性质，把法庭当作自己表演的舞台。不可否认，虽然刑事庭审的说服工作确实有一定的表演色彩，控辩双方都想把自己最完美的一面，展示给在场的每一个人，但表演不是目的，不应刻意为之。而且，过于出格的表演，有可能引起法官的反感，甚至会违反法庭纪律，不利于实现说服的目的。

实际上，有以上两种想法的人，都不是对刑事庭审说服的目的不了解，而是想要“剑走偏锋”，试图通过上述“旁门左道”来实现让法官“就范”的目的。实际上，就刑事庭审而言，“说服”法庭才是实现控辩目的的不二法门。

（二）以事实、证据为依据

刑事庭审的说服，与日常辩论的说服相比，最大的特点就是刑事庭审以某一个已经发生的具体案件事实为基础。日常生活中，人们可以就“知足者常乐”还是“不知足者常乐”这样的纯理论问题进行探讨、辩论，也可以“空对空”“不落地”地进行论证，随心所欲地发挥。但在刑事庭审中，控辩双方的发言不能仅围绕某一理论问题展开，而应结合具体的案件事实进行分析，才更具有说服力。例如，关于某被告人的行为是否构成正当防卫，控辩双方的发言不仅要谈及构成正当防卫的前提要件、主观要件、时间要件、对象要件等理论问题，还要结合案件的实际，分析被告人的具体行为是否符合上述要件，进而说服法官认定（或否定）被告人构成正当防卫。所以，刑事庭审中，刑法理论问题的争论可以有，但最终的落脚点必须是案件事实。

为了说服法官采纳己方的主张，控辩双方应当依靠证据。这是刑事庭审说服区别于其他说服工作的另一个特征。刑事案件的证据材料往往数量众多、种类庞杂，甚至存在相互矛盾的情况，其中就蕴藏着增强己方说服力的“宝藏”。详细了解在案证据的状况、寻找支持己方主张或不支持对方主张的证据、运用相关证据进行详细论证，这些是开展刑事庭审说服工作的重要步骤。从某种意义上来说，庭审说服效果的好坏，直接取决于控辩双方运用在案证据能力的高低。所以，在参加庭审之前，认真仔细地审阅证据材料，并为我所用，是实现说服法庭目的的前提条件。另外，为了提高庭审说服的实战能力，在开庭前进行充分的模拟演练也是极有必要的。如前文所述，刑事庭审具有很强的互动性、即时性，不论作为控方还是辩方，都有必要对庭审中对手可能的“出招”作出预设，而且预设得越全面、越深入、越细致越好。唯有如此，才能做好充分的应对准备。实践中，控辩双方都可以在庭审前展开模拟庭审，请同事担任对手，进行实战化的演练，不断调整、完善己方的说服策略和细节。

实践中，某些辩护人在开庭前不认真阅卷，仅凭既往的工作经验，搞放之四海而皆准的“三板斧”式辩护，甚至连当事人的姓名都一再说错。这样的庭审说服，就成为无源之水、无本之木，更遑论说服效果，应当坚决摒弃。

（三）以充分展示为手段

在明确了说服的目的、依据之后，使用什么手段开展刑事庭审的说服工作，就是一个很有现实意义的问题。这个问题很大，主观性也极强，不同的人对此问题会有不同的答案。各种答案无所谓对错，更不存在高下之分，只要能实现说服法官的目的，就不失为一种好办法。在笔者看来，刑事庭审说服的关键手段在于“充分展示”。

说服者为什么要“展示”？这是刑事庭审中法庭的中立地位所决定的。在奉行案卷在刑事庭审前不移送法庭的国家，法官在开庭前对案件情况的认知基本上是一张白纸，庭审过程中，控辩双方通过在白纸上反复“描画”“涂抹”，最终在法官的脑海中留下关于该案事实、证据等方面的印象，进而形成裁判结果。由此可见，控辩双方在法庭上的展示效果直接决定了判决的结果。即使在奉行案卷在庭审前移送法庭的国家（如我国），法官在开庭前的阅卷也必然是有局限的，不可能看清案件的全貌，所以需要控辩双方站在各自的立场分别展示有罪（罪重）的因素和无罪（罪轻）的因素，努力成为法官查明事实、作出裁判的助手。由此可见，说服者的“展示”，无论在何种刑事案件的庭审中，都是影响法庭形成裁判结果的必不可少的环节。

怎样才能充分“展示”呢？首先，展示的前提是熟悉细节。所谓“手中有粮，心里不慌”，只有全面、深入地了解于己有利或不利的案件细节，才能做到心中有底，因为这些细节才是发动“攻击”或回应对方“攻击”的“弹药”。例如，在很多刑事案件中，侦查机关的取证往往侧重于证明有罪、罪重的方向，而对证明被告人不在现场、自首、退赃等无罪、罪轻方向的证据搜集不足。作为辩方，就应多关注反映此类细节的证据材料，以便在庭审中说服法官，必要时还需要自行调取或申请调取相关的证据材料。其次，展示的过程要严谨、简洁。向法官展示的过程中，要紧紧围绕事实、证据或法律问题的争议焦点进行，同时要有严谨的逻辑结构，切不可漫无边际、不得要领，也不可胡乱堆砌、不合逻辑。在庭审中的发言，要尽量言简意赅，不必冗长，更不宜重复。冗长的语言容易让法官听不到重点，重复的语言会引起法官的反感。越是简洁的语言，越显得铿锵有力。再次，展示的手段要全面、有效。口头语言、肢体语言是传统的展示手段，自不必说。近年来，多媒体示证、诉讼可视化等新理念被司法界、律师界大力倡导，思维导图、全息投影、VR 再现等新技术被广泛应用。这些新的技术手段有利于控辩双方在庭审中全面、深入地展示案件细节，对于增强说服效果具有重要的意义，值得进一步推广。最后，展示的态度要坚定、坦诚。刑事庭审的过程就像是一场战争，势均力敌的双方都想取得战争的胜利，所以战争的过程往往是拉锯战、白热战、持久战。取得战争胜利的关键，是看谁能坚持到最后。同理，控辩双方的说服工作，一定要有坚决的态度、坚定的信心，在“展示”的过程中，气势上不能有丝毫逊色。但是，态度坚定并不意味着一定要大呼小叫、咄咄逼人，坦诚的交流也是重要的“加分项”。控辩双方的说服，不仅要靠以理服人，还要靠以情动人。例如，被告人的品格证据越来越被司法实务界重视，被告人的犯罪诱因、家庭背景、一贯表现等情节也是影响定罪量刑的重要因素。这些情节的展示通常需要辩方（包括被告人）敞开心扉，进行坦诚的沟通，使法官产生情感上的共鸣。

（四）以有利、有节为限度

有利，就是指控辩双方的一切说服工作，都要以有利于支持指控内容或降低定罪量刑为目标。这个目标应该是有限度的，不应追求不切实际的“高度”。有利的限度建立在对案件的事实、证据、法律适用等进行全面分析和准确评估的基础上。例如，一个故意杀人既遂的案件，被告人只有坦白的从轻情节，没有分尸等从重情节，那么控方说服的目标就是法院判决被告人犯故意杀人罪，在无期徒刑或死刑缓期 2 年执行的幅度内处刑；辩方说服的目标是，罪名变更为故意伤害罪，量刑在有期徒刑 10 年以上并尽量贴近10年。控方追求判处被告人死刑立即执行的目标是不切实际的，因为当前的死刑政策是“少杀慎杀”，被告人并无其他从重情节；辩方追求判处被告人10年以下有期徒刑的目标也不切实际，因为法律关于这类案件规定的量刑起点是有期徒刑10年，被告人也并无其他减轻情节。确定好有利的限度是非常重要的，一则便于在说服的过程中有的放矢、突出重点，二则便于把握下文中有节的尺度。

有节，就是控辩双方在说服过程中，也需要进行适度的妥协。在民事、行政诉讼案件中，原被告双方有和解、调解的权利，实质上就是双方的妥协。那么，在刑事庭审中，也需要控辩双方的妥协吗？答案是肯定的。首先，实践中大量存在的认罪认罚案件，其实质就是控辩双方在庭审前就已经达成妥协（关于定罪量刑的一致意见），所以双方在法庭上的说服目标一致、相互配合。其次，即使在控辩意见刚开始严重对立的案件中，也存在双方在庭审中经过一番唇枪舌剑后，发现己方原定的说服策略不当、需要及时调整的情况，这是由庭审说服的即时性、互动性特征决定的。刑事庭审中，控辩双方会在相互交锋、试探的同时，根据现场形势的变化，及时调整己方说服的目标、策略、思路，必要时还会相互妥协。有时，控方会变更指控内容，如变为更轻的罪名、减少犯罪金额、认定某个从轻情节等；有时，辩方会放弃无罪辩护的意见，改为轻罪辩护，甚至在审判阶段与控方达成认罪认罚协议。总之，在刑事庭审说服中，需要在适当的时候进行适度的妥协。毕竟，在无法按照原计划说服法庭的情况下，退而求其次，改变说服策略，也是一个可取的选择。

涉税法律服务认知之道

张　晓[1]

[1] 张晓，律师，经济学硕士。

加入律师行列马上就要满 5 年了。回顾自己成年以来的人生经历，在学校期间念了 7 年的经济类专业，毕业后在税务局从事了 11 年的税收征管工作，于 2017 年转行成为一名律师。5 年时间，说长不长，说短不短，但因为行业跨度比较大，经常会在身份转变之间、专业融合之际产生一些思维的火花。

一、法律服务行为的经济学视角

从经济学到财税再到法律，专业跨度比较大，虽然这三者有一定的内在联系，但总的来说思维模式是不同的，这也给了我一个多维度去看待问题的机会。比如，我试着用经济学的基本原理来解释法律服务行为，觉得这种相互印证颇为有趣。

对于律师来说，时间是最大的成本，是最稀缺的资源。每个律师心中都有一杆看不见的秤，在进行资源配置时，总是希望达到最优。虽然都是追求最优的结果，但最终呈现出来的配置方式有很大的差异。有的律师在工作中能够获取更大的收益（此处的收益不单指收入，也包括兴趣、成就感等），所以在时间这一资源的分配上，会倾向于把更多的时间用于工作；有的律师在生活中获取的收益也不少，所以倾向于多分配一些时间给家庭或者生活。在律师行业中，总有人在说如何平衡工作和生活，其实每个人的偏好不同，并没有统一答案，而且由于工作或生活的权重在律师不同的人生阶段会发生变化，时间配置的方式也会随之动态调整。但是底层逻辑都是一样的，就是基于经济学中理性人的假设，追求资源配置的帕累托最优。

再来看看法律服务的委托过程。比如，客户产生了一项法律服务需求，但最终双方是否形成委托与接受委托的合意，取决于如下两个方面：一是取决于双方的供需是否匹配，即律师提供的服务与客户寻求的服务是否匹配。这个服务包括质量和费用。如果律师提供的质量和费用都与客户潜在的需求相符合，那么合作起来会非常顺畅。如果二者存在较大的差距，那么即使勉强委托下来，合作过程也会充满障碍。在诉讼业务上，就律师而言，无法承诺某项诉讼一定能够取得胜诉，而有些委托人认为付了律师费就一定能够打赢官司，此时供需明显出现了不匹配。在非诉的涉税服务中，律师认为企业合规放在第一位，为了合规付出一定的代价是必要的；而有的企业认为只要能够少缴税，其他的都是次要的，或者认为只要付了律师费，所有的问题都能够迎刃而解。此时供需也出现了不平衡。当然，经过双方的充分沟通以及法律环境的变化，或者通过后续的合作，双方的认识也有趋同的可能性，从而达到供需的平衡。二是取决于双方对于成本收益的衡量。以客户来说，在一场诉讼中，需要投入时间、精力、律师费等各类成本，同时结合胜诉的赔偿（包括金钱和心理的满足）、胜诉的概率等因素综合评判获取的收益，最终是否委托律师，以及采用何种策略都是在收益大于成本的前提下作出的选择。

近些年，律师行业一直在倡导专业化，这从经济学的角度来看就是一种比较优势理论的体现。比如，在某家律所周律师和朱律师的小时收费都为 2000 元。为了提供某项收费 20,000 元的税务法律服务，周律师需要花费 10 个小时，而朱律师基于之前的经验积累，只需要花费 5 个小时就能够提供同等质量的服务。在这种情况下，周律师可以把这项法律服务交给朱律师来处理，而把节约下来的时间用于他更擅长的刑辩领域以获取更大的收益。如果将 20,000 元律师费作如下分配，朱律师收取 15,000 元，周律师收取5000元，那么朱律师除了按照小时收费获取正常10,000元的收益外，还获得了额外的5000元的收益（15,000 - 2000 × 5），而周律师除了在此业务中获取5000元的收益外，还能在他更擅长的刑辩领域获取更多的收益。这样的专业分工，对于双方都是有利的选择。在这个举例里，体现的是绝对优势。事实上，无论律师在服务质量或者服务收费上是否具有绝对的优势，只要根据相互的比较优势进行分工，也能够由此额外得利。

再来看看法律服务定价策略。大部分律所对于常年顾问单位的专项法律服务会给予一定比例的折扣，这不光是增加双方黏合度的需要，即使从成本效益的角度来看，也是一个理性的选择。因为律所给老客户提供服务的边际成本相较于一般新客户是更低的。双方有常年法律顾问的信任基础，而且律师对于公司基本情况也更加了解，在后续法律服务的提供过程中沟通成本会更低，沟通效率会更高。客户倾向于选择熟悉的服务供应商也是相同的道理。

二、企业对于税法的误解

虽然在税务局工作了11年，但转行成为律师后，才发现在税务局期间对企业的真实想法知之甚少。或者是因为彼时与纳税人更多的是一种执法与被执法的关系，所以交流起来并不深入。成为律师后，发现企业对于税法的误解比比皆是，包括一些本以为是常识的问题，企业对于税法的误解越多，往往意味着企业的税收风险越大。

以虚开发票来说，很多企业主对于其构成和危害性并不清楚。有一次一家绍兴的企业来所里咨询，提出了一个疑惑："张律师，我不明白，我只是买了几张发票，为什么税务局说我涉嫌虚开。发票又不是我开出去的，我怎么就跟虚开扯上关系了呢？”我就跟他解释，根据《发票管理办法》的规定，无论是为他人开具还是让他人为自己开具，包括介绍他人开具与实际业务不符的发票都属于虚开行为，所以让其他企业为自己开具发票，也就是我们说的虚受也属于虚开发票行为。

有一些年纪较长的企业主常常心存侥幸，习惯性地漠视税收风险。他们常挂在嘴边的一句话是，“其他企业都是这么做的”；或者说，“我做了十几年都没有问题”。但是目前没有被稽查、被处罚，不代表企业的某些行为就是合法合规的，风险的发生有一定的概率，这个概率在当前的政策背景和技术环境下无疑是越来越高的。如果不能树立正确的税法遵从意识，往往要付出很大的代价。

还有一类企业兢兢业业经营，各项交易都力求规范，却由于其他企业的问题而被牵扯其中。比如，作为买方，对于一笔买卖业务，按照合同约定付款、收票、抵扣，但是时隔几年却收到主管税务机关的补税通知，原因是上游企业走逃，开具的发票成为异常凭证，下家需要做进项转出，甚至补缴企业所得税。买方企业非常冤枉，由于时间间隔较久，当时的物流凭证已经不齐全了，被税务机关质疑虚开；比较有风险意识的企业即使凭证齐全，即便被定性为善意取得虚开发票也面临补税甚至滞纳金的问题，造成不小金额的经济损失。因此，企业一定要有税务风险意识，在正式交易前，对上游供应商要进行必要的考察，审核其涉税方面的资质，避免后续不必要的损失。

企业对于税法认知的片面，往往分不清合法筹划与非法逃税之间的界限。比如，这两年在税收洼地注册个人独资企业（简称“个独”）的操作，先是企业一窝蜂地上，觉得这是合法筹划，而自从主播税案后，又觉得“个独”是一个见不得光的东西，讳莫如深。其实，无论是“个独”还是个体工商户（以下简称“个体”），本身是合法的注册形式，只要是与实质的经营业务相符合，那么注册为“个独”“个体”还是公司都是市场主体的自由选择。

这两年短视频蓬勃发展，企业主也以此为重要的信息甚至知识来源，但对于专业知识，还是需要系统的学习才能提高分辨力，否则很容易被误导。有的短视频或者公众号文章为了吸引眼球，危言耸听；有的则是某些企业主听了专家的几句分析就盲目地实施，而罔顾是否与企业自身的经营相吻合。所谓的筹划一不小心就成了偷逃税。

当然，有少交税的，也有多交税的。有些企业对政策一知半解，导致其应享受的税收优惠未能享受。有一家服装生产企业，每年发生一定比例的设计研发费用，律师在提供服务的过程中发现其并未享受研发费加计扣除的政策，一问，企业主回答说：“我们就是传统行业，又没有什么科技含量，怎么能够享受呢?”但是研发费用加计扣除的政策并没有要求企业属于高新企业或者具备特殊的资质，只要不在负面清单的行业范围内，能够准确核算研发费用的查账征收的企业，就可以享受加计扣除的优惠。至于在资本运作过程中因为没能提前考虑到税收问题造成很多税收风险或者高昂的税费负担更是不在少数。

所以，做企业最忌讳的是“该交的税不交”“不该交的税多交了”，一方面在违法违规边缘给自己挖坑，另一方面却没有好好地利用税收优惠来享受国家给予的红利。

三、市场主体间的税务博弈

税法不单单是税务部门与企业之间的事情，在各个市场主体之间也能发生奇妙的化学反应。商务谈判中税务是一个重要的筹码，利用得好，能够给企业带来正常商业利益之外的收益。如果没有意识到，则会给企业带来额外的税收风险或者税收负担。

就直播业务来说，税务也是平台公司与主播个人之间的博弈因素。平台为了规避自身风险，往往以为主播节税的名义让主播个人注册为“个体”，其实内心自有考量，如规避扣缴义务。如果个人因为对于税法的不了解，随意提供身份信息给平台，极有可能在自己并不知情的情况下，被注册为“个体”或者“个独”，从而埋下一定的风险隐患。

如果没有专业人士的介入，企业在交易过程中往往只关注价款，而忽视了其中的税收利益或者税务风险。比如，一家供应商的产品售价100元，提供3%的增值税专用发票，另一家供应商售价102元，提供6%的增值税专用发票。表面上看起来前者100元的售价更为便宜，但是如果换算为不含税价款，前者为97.087元，后者为96.226元，显然换算为不含税价后，后者的售价更为便宜。但是如果采购方也为小规模纳税人，拿到发票也无法抵扣，此时又有不一样的考虑了。前两年，增值税税率连续下调，其中的税收得益由卖方还是买方享有也一度引起热议。

股权转让是法律服务中的常见业务，同时也是近几年税务行政机关非常关注的领域。个人的股权转让中，股权转让方需要就股权溢价缴纳20%的个人所得税，其中转让方是法定的纳税义务人，而受让方是法定的扣缴义务人。双方根据谈判地位的强弱可以在股权转让协议中就税费问题作出明确约定，如税款由受让方承担，税款由转让方自行纳税申报，等等。虽然法律并不禁止当事人通过合同来确定税款的实际承担者，但是如果股权转让双方以为作了约定就能规避法定责任就太片面了，没有充分预估到可能的风险。

还有很多暂不纳税的政策，看起来在这一环节似乎不用交税，但其实质是递延纳税。上家在这一交易中没有缴纳的税款，其实是让下家在下次交易中一并缴纳。上家通常会游说下家配合实施以满足暂不纳税的条件，殊不知这笔税款其实是转嫁给了下家。如果下家意识不到，不仅是为他人做嫁衣，更糟糕的是帮助别人给自己挖坑。如果意识到这一点，当然可以充分考虑税收因素，通过交易的价款调整体现出来。

所以，在交易过程中，企业也好，律师也罢，只有具备更多维的视角，才能全面看待其中的法律风险、税务风险和商业风险。

税法并不属于律师法律服务的传统领域，但属于企业经营过程中必然面临的问题，因此涉税法律服务市场的潜在需求非常大。如何在供需之间实现服务价值的最大化，在依法治税中发挥律师的专业作用，有赖于同行们的继续努力。

行政规范性文件合法性审查之道

史庭来[1]

[1] 史庭来，律师，法律硕士。

党中央、国务院高度重视行政规范性文件的制定监督管理。2013 年《中共中央关于全面深化改革若干重大问题的决定》提出要“完善规范性文件、重大决策合法性审查机制”。2018 年《国务院办公厅关于全面推行行政规范性文件合法性审核机制的指导意见》（以下简称《审核意见》）指出：“制定行政规范性文件（以下简称规范性文件）是行政机关或者经法律、法规授权的具有管理公共事务职能的组织（以下统称行政机关）依法履行职能的重要方式。对规范性文件进行合法性审核是确保行政机关出台的规范性文件合法有效的重要措施。”2021 年《法治政府建设实施纲要（2021—2025 年）》要求：“加强行政规范性文件制定监督管理。依法制定行政规范性文件，严禁越权发文、严控发文数量、严格制发程序……全面落实行政规范性文件合法性审核机制，明确审核范围，统一审核标准。严格落实行政规范性文件备案审查制度。”

与此同时，各省、自治区、直辖市相继出台规范性文件的管理办法。由此，行政规范性文件的合法性审查在全国范围内全面铺开，成为律师从事政府法律服务的一项重要业务。

一、行政规范性文件的认定是对其开展合法性审查的前提

（一）行政规范性文件的范畴

规范性文件的语义有广义和狭义之分，广义的规范性文件包括所有的立法性文件和针对不特定对象发布的、能反复适用的非立法性文件。狭义

的规范性文件则仅指针对不特定对象发布的能反复适用的非立法性文件。

国家立法没有对规范性文件作出明确统一的定义。《行政诉讼法》第13条将“行政机关制定、发布的具有普遍约束力的决定、命令”与行政法规、规章并列，而《最高人民法院关于适用〈中华人民共和国行政诉讼法〉的解释》则将行政机关制定、发布的“具有普遍约束力的决定、命令”进一步解释为，“行政机关针对不特定对象发布的能反复适用的规范性文件”。同时，《行政诉讼法》及其司法解释采用的是对规范性文件的广义概念，即将法律、行政法规、地方性法规、自治条例、单行条例、规章等都称为规范性文件，其对上述文件之外的规范性文件仅作了简单的特征描述。《浙江省各级人民代表大会常务委员会规范性文件备案审查规定》第3条则将地方性法规以及地方政府规章一并纳入了规范性文件的范畴，其采取的亦是广义的规范性文件概念。

正因规范性文件的概念长期难以明确、统一，近年来“行政规范性文件”得以被运用并逐步被广为接受。行政规范性文件的概念虽未见于法律法规的明确规定，但近年来却被国务院规范性文件及各地的地方立法纷纷承认并明确。

2018年，《国务院办公厅关于加强行政规范性文件制定和监督管理工作的通知》（以下简称《文件通知》）对行政规范性文件作出了明确界定：“行政规范性文件是除国务院的行政法规、决定、命令以及部门规章和地方政府规章外，由行政机关或者经法律、法规授权的具有管理公共事务职能的组织（以下统称行政机关）依照法定权限、程序制定并公开发布，涉及公民、法人和其他组织权利义务，具有普遍约束力，在一定期限内反复适用的公文。”同年，《浙江省行政规范性文件管理办法》（以下简称《规范办法》）出台，其延续了《文件通知》对行政规范性文件的概念界定。

至此，冠以“行政”的规范性文件的语义在实际应用中变得越来越

"专属化"，其不再是一个模糊的统称，而可以被理解为狭义的专属概念。因此，本文所讨论的行政规范性文件，即《文件通知》中所确定的行政规范性文件范畴。

（二）制定主体的适格与否是行政规范性文件形式认定的主要标准

行政规范性文件的表现形式有命令、决定、公告、通知、办法等，其种类繁多、形式多样，仅仅从名称上已无法对其进行准确认定。因此，从形式上认定一份文件是否属于行政规范性文件关键要看其制定主体是否适格。《文件通知》规定行政规范性文件的制定主体是行政机关。然而，并非所有的行政机关都可以作为行政规范性文件的制定主体。《规范办法》规定的可以制定行政规范性文件的行政机关，包括各级人民政府、县级以上人民政府所属工作部门、县级以上人民政府依法设立的派出机关以及法律法规授权的具有管理公共事务职能的组织。同时，《规范办法》也作了反向列举："县级以上人民政府所属工作部门的内设机构或者派出机构，以及不具有行政管理职能的机构，不得制定行政规范性文件。"

县级以上人民政府所属工作部门的内设机构或者派出机构通常情况下相对容易辨别，如公安派出所、各厅局的内部处室等都不具备制定行政规范性文件的权限，其日常工作中制定的文件不能被认定为行政规范性文件。此处较难把握的是对具有管理公共事务职能的组织制定的文件之性质认定。要认定具有管理公共事务职能的组织是否有权制定行政规范性文件，首先自然是要分析其管理的是不是公共事务，此处需要通过"三定方案"等加以认定。其次要判断其制定的文件是否在其法定授权范围内，此处需审阅其接受授权的相关法律文件，该授权必须严格依法作出，否则便不能被认定为依法授权。实践中，如社会团体、高校、各地房屋征收办公室等组织往往都属于具有管理公共事务职能的组织，其在各自的法定授权范围内出台的文件符合行政规范性文件的制定主体要件，但其超越授权范围制定的文件则依然不能被认定为行政规范性文件。另外，对并不具备行政管理职能之机构，如机关事务管理局、国务院参事室等，依“三定方案”，其并不具备对外行政管理的职权，故而，此类行政机关即便属于县级以上人民政府所属工作部门，其所制定之文件亦不属于行政规范性文件。

随着国家治理体系和治理能力的不断提升，行政机构改革在当前较为常见，实践中存在原先属于行政机关的单位在改革后成了参公管理的事业单位的现象。如某管理局经改革后成了某管理中心，这种情况下其究竟是否有权制定行政规范性文件，则要通过“三定方案”等文件判断其是否属于管理公共事务职能的组织，以及其是否被授权参与某类具体事务的管理。若不具备上述条件，则其不再具有制定行政规范性文件的权限，其制定出台的文件就不能被认定为行政规范性文件。

（三）是否涉及公民、法人和其他组织的权利义务，具有普遍约束力并在一定期限内反复适用是行政规范性文件实体认定的主要标准

有权制定行政规范性文件的行政机关，在日常行政管理工作中不仅仅需要制定行政规范性文件，还常常需要制定其他文件。鉴于制定行政规范性文件须遵循严格的法定程序，涵盖但不限于评估论证、公开征求意见、合法性审核、集体审议决定、向社会公开发布等。因此，将所有的文件都作为行政规范性文件制发并不符合行政效率的最大化。故，如何认定某一文件是否须作为行政规范性文件制发，乃当前行政机关亟须关注的问题，此即涉及行政规范性文件的实体认定标准。

回到《文件通知》对于行政规范性文件的定义，认定规范性文件的标准除了上文提到的制定主体及权限因素之外，还包括法定程序和内容。

其中，制定程序并不能作为行政规范性文件之认定标准，倘若某一公文的内容确属行政规范性文件之范畴，而其并未按行政规范性文件的制定程序进行制定，则我们可认定该文件制定程序不合法，而难以因此认定其不属于行政规范性文件。

有鉴于此，判断行政机关制定的公文是否属于行政规范性文件的实体标准，应当是公文所载的内容。《文件通知》对行政规范性文件的内容表述为，“涉及公民、法人和其他组织权利义务，具有普遍约束力，在一定期限内反复适用”。《审核意见》则指出：“凡涉及公民、法人和其他组织权利义务的规范性文件，均要纳入合法性审核范围，确保实现全覆盖，做到应审必审。行政机关内部执行的管理规范、工作制度、机构编制、会议纪要、工作方案、请示报告及表彰奖惩、人事任免等文件，不纳入规范性文件合法性审核范围。”因此，是否涉及公民、法人和其他组织权利义务，具有普遍约束力并在一定期限内反复适用成了认定行政机关制定的公文在实体上是否属于行政规范性文件的核心标准。

实践中，涉及公民、法人和其他组织权利义务之规定的表现形式多种多样，不仅涵盖传统行政法上的行政处罚、行政强制、行政许可等，亦涵盖常见的涉及公平竞争的事项、信用信息管理的措施等。以上诸多情形需严格加以甄别，方能准确认定是否“涉及公民、法人和其他组织权利义务”。例如，行政机关制定的文件中若出现“降低其信用等级”“限制其参与……”等表述，则被认为涉及公民、法人和其他组织权利义务；若将以上表述调整为“按有关规定管理”，则仅是引出其他规定的一种指引行为，可以避免被认定为直接涉及公民、法人和其他组织权利义务，进而不会因此被认定为行政规范性文件。

关于是否具有普遍约束力并在一定期限内反复适用的认定，相对可以比较直观地进行判断：可通过判断文件是否针对特定主体作出、是否针对某件事项来作出认定。例如，行政机关对某一具体事件作出的行政处理决定就不具有普遍约束力，仅对该事件的参与主体具有约束力，且不能在一定时期内反复适用，只能一次性适用于该事件。因此，此类决定就不会被认定为行政规范性文件。

二、行政规范性文件合法性审查的要点

（一）是否超越职权或违反上位法的审查

我国行政法的成文渊源包括宪法、法律、行政法规、地方性法规、自治条例和单行条例、规章、司法解释、国际条约等。《立法法》对各成文法源的效力位阶作出了规定。《各级人民代表大会常务委员会监督法》第30条规定："县级以上地方各级人民代表大会常务委员会对下一级人民代表大会及其常务委员会作出的决议、决定和本级人民政府发布的决定、命令，经审查，认为有下列不适当的情形之一的，有权予以撤销：（一）超越法定权限，限制或者剥夺公民、法人和其他组织的合法权利，或者增加公民、法人和其他组织的义务的；（二）同法律、法规规定相抵触的；（三）有其他不适当的情形，应当予以撤销的。"《审核意见》和《文件通知》亦对行政规范性文件的制定作出了严禁越权发文和明确审核职责的规定。由此，是否超越职权或违反上位法是行政规范性文件审查的重点。

超越职权或违反上位法分为两类情形：一类是行政规范性文件本身系制定主体超越其职权范围或违反上位法规定所制定；另一类是行政规范性文件本身系有权主体制定，但其具体条文存在超越制定主体职权范围或违反上位法规定的情形。

关于第一类情形，一般而言，行政主体的行政规范性文件制定权与其

事务管辖权相同，由法律、法规和规章规定。这不仅是不同部门行政主体间的权限分工，而且是政府与所属职能部门间的权限分工。[①] 例如，《浙江省公路条例》规定："县级以上人民政府交通运输主管部门主管本行政区域内的公路工作；高速公路的监督管理职责由省、设区的市交通运输主管部门承担。"据此规定，至少可以得出以下结论：第一，交通运输主管部门以外的政府职能部门不能就本行政区域内的公路工作制定相关行政规范性文件；第二，县级人民政府交通运输主管部门不能就高速公路的监督管理制定规范性文件；第三，县级以上人民政府不能就本行政区域内的公路工作直接制定相关行政规范性文件。

以上第一、二点较易理解，但第三点结论往往容易被忽视，其实，司法实践对此早已作出了确认。例如，最高人民法院在宋某龙、长治县人民政府再审审查与审判监督行政裁定书中指出："作为地方一级人民政府，并不能代替其所属工作部门对该部门职权范围内事项直接作出行政决定或命令。"[②] 再如，最高人民法院在梁某云、金某宇城乡建设行政管理：房屋拆迁管理（拆迁）再审审查与审判监督行政裁定书中指出："根据《中华人民共和国土地管理法实施条例》第三十五条的规定，在临时使用的土地上修建永久性建筑物、构筑物的，由县级以上人民政府土地行政主管部门责令限期拆除，逾期不拆除的，由作出处罚决定的机关依法申请人民法院强制执行。依法可由县级以上人民政府土地行政主管部门责令限期拆除，逾期不拆除的，由作出处罚决定的机关依法申请人民法院强制执行。沈河区政府作为县级以上人民政府，在集体土地上依据《中华人民共和国城乡

① 参见姜明安：《行政法与行政诉讼法》，北京大学出版社、高等教育出版社 2019 年版，第 178 页。

② 参见最高人民法院（2018）最高法行申 4077 号宋某龙、长治县人民政府再审审查与审判监督行政裁定书。

规划法》实施强制拆除行为，适用法律错误，不具职权依据，且不符合强制拆除的法定程序。一审法院据此判决确认沈河区政府强制拆除行为违法正确。”①

另外，单行法或上级行政规范性文件没有授权或禁止规定的事项，行政主体即使具有事务管辖权，也不得制定行政规范性文件。如《立法法》禁止对专属立法权的事项制定行政规范性文件，《行政处罚法》第 16 条、《行政许可法》第 17 条和《行政强制法》第 10 条第 4 款均明文禁止行政规范性文件设定行政处罚、行政许可和行政强制。《审核意见》《文件通知》亦都对此作了重申。再如，《国务院关于纠正地方自行制定税收先征后返政策的通知》禁止除国务院外的其他行政机关制定税收优惠政策。②

故而，判断行政规范性文件是否属于第一种超越职权或违反上位法之情形，关键需分析上位法规定的行政规范性文件制定主体之权限范围。

关于第二种情形，即行政规范文件中的部分条款系制定主体超越其职权范围或违反上位法的规定而制定。例如，《国务院关于清理规范税收等优惠政策的通知》规定：“未经国务院批准，各地区、各部门不得对企业规定财政优惠政策。对违法违规制定与企业及其投资者（或管理者）缴纳税收或非税收入挂钩的财政支出优惠政策，包括先征后返、列收列支、财政奖励或补贴，以代缴或给予补贴等形式减免土地出让收入等。”因此，行政规范性文件中若未经国务院批准而规定了《国务院关于清理规范税收等优惠政策的通知》所列举的对企业的财政优惠政策，则属于超越职权范围、违反上位法的规定。这类情形与上述第一种情形有些类似，但又不完

---

① 参见最高人民法院（2019）最高法行申 8534 号梁某云、金某宇城乡建设行政管理：房屋拆迁管理（拆迁）再审审查与审判监督行政裁定书。

② 参见姜明安：《行政法与行政诉讼法》，北京大学出版社、高等教育出版社 2019 年版，第 178 页。

全等同。区别在于，第一类情形是整个行政规范性文件本身皆属超越权限所制定，而这一类情形则往往表现为将超越职权范围和违反上位法的具体条文“藏”于制定主体本身有权制定的行政规范性文件之中。

实践中，行政机关在审查行政规范性文件是否超越职权或违反上位法的过程中，常常会先将该行政规范性文件所涉之垂直事务管理领域内的上位法与该行政规范性文件进行比对，以此来进行合法性审查。例如，在对《关于进一步加强全省交通建设工程安全生产管理工作的若干规定》进行合法性审查时，首先会将其与《安全生产法》《浙江省交通建设工程质量和安全生产管理条例》《公路水运工程安全生产监督管理办法》进行比对。诚然，与垂直事务管理领域内的上位法进行比对是合法性审核的关键步骤，但这类审查往往还不足以对行政规范性文件的合法性进行认定。比较容易忽视和遗漏的是将规范性文件和一些综合性的上位法尤其是看似其他领域的上位法进行比对的工作。行政规范性文件中的任一条文对于任一上位法的违反都将遭致行政规范性文件的合法性被否定的法律后果。因此，对行政规范文件具体条文的合法性审查应当准确、全面。例如，在对上述提到的《关于进一步加强全省交通建设工程安全生产管理工作的若干规定》进行合法性审查时，除了与以上提到的几份垂直事务管理领域内的上位法进行比对，还应将其与条文所涉其他相关领域的上位法进行比对审查。例如，因上述行政规范性文件涉及信用管理的内容以及可能涉及对相对人不利的处理，还应考虑将其与《行政处罚法》《浙江省公共信用信息管理条例》进行对比审查。对于上述行政规范性文件中可能涉及的其他人事等方面的条文规定，甚至还应当与《民法典》（如合同编、侵权责任编中的有关条款）、《劳动合同法》等粗看并无直接关联但实则亦可能有关联的上位法进行对比审查。

故而，判断行政规范性文件是否属于第二种超越职权或违反上位法之情形，需要全面、细致地将行政规范性文件中所有可能涉及上位法规定的内容进行逐条梳理、比对，进而对其合法性进行认定。

（二）是否违反法定制定程序的审查

正当程序是行政法的基本原则，程序正义是实体正义的保证，行政规范性文件的制定亦是如此。制定行政规范性文件过程中，行政机关须严守法定程序。《文件通知》规定："行政规范性文件必须严格依照法定程序制发，重要的行政规范性文件要严格执行评估论证、公开征求意见、合法性审核、集体审议决定、向社会公开发布等程序。要加强制发程序管理，健全工作机制，完善工作流程，确保制发工作规范有序。"《审核意见》对行政规范性文件起草单位应当报送的材料作了初步规定："起草单位报送的审核材料，应当包括文件送审稿及其说明，制定文件所依据的法律、法规、规章和国家政策规定，征求意见及意见采纳情况，本单位的合法性审核意见，以及针对不同审核内容需要的其他材料等。"在此基础之上，《审核意见》要求："各地区、各部门要根据实际情况确定规范性文件合法性审核程序，明确起草单位、制定机关办公机构及审核机构的职责权限，严格执行材料报送、程序衔接、审核时限等工作要求。"

当前实践中，行政机关在制定行政规范性文件的过程中整体上能够遵循法定程序，但尚存在薄弱环节，对以下现存的三个主要问题进行简要分析：

第一，起草单位将行政规范性文件报送合法性审查时提供的制定依据不全面、不完整的情况常有发生。起草单位应当将起草规范性文件的制定依据完整提供给合法性审核单位，更加科学的做法是将制定依据逐条标注在起草的条文下方，以便后续合法性审查单位能更加高效、有针对性地对行政规范性文件草案进行合法性审查。

第二，对合法性审查重形式而轻实质的现象仍然存在。尊重程序并不等于只看形式，不能将行政规范性文件的审查当作“走过场”。《审核意见》规定：“除为了预防、应对和处置突发事件，或者执行上级机关的紧急命令和决定需要立即制定实施规范性文件等外，合法性审核时间一般不少于5个工作日，最长不超过15个工作日。”当前，行政机关虽然一般形式上都能对拟制定的行政规范性文件启动合法性审查程序，但部分行政机关将其视为“走过场”，不重视审查的实质效果。例如，部分行政机关将行政规范性文件草案发送给合法性审查单位要求两三个工作日内即出具合法性审核意见，更有甚者要求“夕发朝至”，即前一天晚上发送给合法性审核单位，要求第二天一早就给予回复。《审核意见》对合法性审查作出时间规定，即考虑到了对行政规范性文件作出有效的合法性审查所需要花费的合理时间，若时间过短，自然难以保证合法性审查的实际效果。行政机关制定行政规范性文件是否遵守合法性审查的时间规定，本身也属于合法性审查的一个方面，不符合《审核意见》规定的合法性审查时间要求的，即属于违反行政规范性文件法定制定程序的行为。

第三，《规范办法》第20条规定：“行政规范性文件应当自公布之日起30日后施行，载明具体施行日期，但因保障公共安全、社会稳定和其他重大公共利益需要，或者公布后不立即施行将有碍行政规范性文件执行的除外。行政规范性文件涉及的内容属于阶段性工作的，应当载明有效期。”部分行政机关在制定行政规范性文件时常急于实施，参照了其他法律文件的即时施行程序而未关注到此条关于行政规范性文件施行时间的特别规定，即行政规范性文件原则上需要自公布之日起30日后施行，对此需在今后实践中加强审查。

（三）新形势下的行政规范性文件合法性审查

除了上述通行的审查要点之外，对行政规范性文件的合法性审查还应紧跟时代，重点关注最新的政策导向，准确把握审核要点。

进入新时代以来，随着国家治理体系和治理能力现代化的持续推进、中国特色社会主义市场经济的不断发展、中国特色社会主义法治体系的不断完善，行政规范性文件有了更体系化的“上位法”依据，不仅包括宪法、法律、法规、规章等，还包括国家和地方各类政策文件（包括党的政策文件和各类行政规范性文件）。相较于传统法源的相对稳定性，国家和地方各类政策文件更具有灵活性和多样性，行政机关在制定行政规范性文件时，需高度认识其重要性，准确把握最新形势，确保行政规范性文件紧跟时代，科学合法。

例如，以公平竞争审查事项为例。近年来，国家相继出台《国务院关于在市场体系建设中建立公平竞争审查制度的意见》《公平竞争审查制度实施细则》《中共中央办公厅、国务院办公厅关于强化反垄断深入推进公平竞争政策实施的意见》《中共中央、国务院关于加快建设全国统一大市场的意见》。因此，对拟出台规范性文件进行合法性审查时，需要着重对文件中可能存在的涉及市场准入和退出标准、商品和要素自由流动标准、影响生产经营成本标准、影响生产经营行为标准的内容进行审查。

除了关注国家统一部署的政策外，还需要关注具有地方特色的最新规定。例如，以浙江省为例，为响应国家政策号召，浙江高度重视服务型政府的建设，为落实“放管服”改革，优化营商环境，省里相继出台《浙江省民营企业发展促进条例》《浙江省保障“最多跑一次”改革规定》。因此，在对浙江省内的行政规范性文件作合法性审查时，应当遵守上述地方性法规及政策文件的规定。

三、行政规范性文件合法性审查的拓展与深化

（一）依法行政原则决定行政规范性文件合法性审查不应仅限于“不违法”

顾名思义，行政规范性文件合法性审查自然是指对行政规范性文件是否合法进行审查。诚然，符合上文所述合法性审查重点要素的行政规范性文件虽已不再会被认定为“违法”，但“不违法”尚不等同于合法性审查所要求的“合法”。行政机关制定行政规范性文件作为一种行政行为，应该秉持依法行政的原则。因此，行政规范性文件合法性审查本质上是对行政机关是否依法行政作出判断。《全面推进依法行政实施纲要》对依法行政的基本要求概括为：合法行政、合理行政、程序正当、高效便民、诚实守信、权责统一。故而，对行政规范性文件的合理性、科学性等要素进行审查亦是行政规范性文件合法性审查的题中应有之义。

（二）制定行政规范性文件要注重对其必要性与实用性的审查，严控行政规范性文件的数量，提升其合理性

行政规范性文件的制定过程在遵循合法性原则的前提下，还须遵循合理性原则。《文件通知》指出：“严控发文数量。凡法律、法规、规章和上级文件已经作出明确规定的，现行文件已有部署且仍然适用的，不得重复发文；对内容相近、能归并的尽量归并，可发可不发、没有实质性内容的一律不发，严禁照抄照搬照转上级文件、以文件‘落实’文件。确需制定行政规范性文件的，要讲求实效，注重针对性和可操作性，并严格文字把关，确保政策措施表述严谨、文字精练、准确无误。”《规范办法》亦提

到："行政机关制定行政规范性文件应当加强统筹，从严控制发文数量。内容相近的行政管理事项，应当归并后制定行政规范性文件；法律、法规、规章和上级文件已有明确规定，且现行文件规定仍然适用的，原则上不再制定内容重复或者没有实质性内容的行政规范性文件。"

实践中，行政机关"为了制定文件而制定文件"的现象还时有发生。对比各地现制定的行政规范性文件和其上位法后不难发现，不少行政规范性文件和其上位法的重复率并不低，不少条文甚至是直接从上位法中照搬照抄。一方面不该重复之处却照搬，另一方面真正需要明确细化的地方却一笔带过，完全未能发挥行政规范性文件应该起到的作用。实际上，国家授予行政机关制定行政规范性文件的权力，本质上是为了应对复杂的现实情况，鼓励各地行政机关结合实际，在上位法规定的范围内，制定出符合当地实际情况、可操作性强、便于落地的规定，以此来弥补上位法中难以或者不宜规定过于详细的部分，进而更好地实施法律、法规、规章中规定的内容。因此，如果法律、法规、规章已经有了明确规定的事项，可以直接适用，则无须以行政规范性文件的形式加以重复。对于法律、法规、规章中作了规定但还有待进一步提升实操性的部分，则应当制定行政规范性文件加以细化、落实。由此，控制数量、提高质量，不仅是保证行政规范性文件合理性的重要方式，也是对行政规范性文件进行合法性审查过程中对其合理性进行衡量的重要标尺。

另外，正所谓"凡事预则立，不预则废"。在制定行政规范性文件之前，可参照立法过程中的立法前评估方式对行政规范性文件所涉内容进行调查研究，对即将拟定的行政规范性文件就其制定必要性和实施后可能带来的正面或者负面影响等问题，通过定量和定性分析方法进行事先评估和预测，以提高行政规范性文件制定的合理性。

（三）制定行政规范性文件要注重对其实施效果的科学审查，不断提升行政规范性文件的实效

实践是检验真理之唯一标准，纵然行政规范性文件的制定合法且合理，也难以保证其制定后一定能产生良好的社会效果。

行政规范性文件涉及社会的方方面面，其制定不可能天衣无缝，更不会是一劳永逸。我国当前正处于社会经济发展的新时代，静态的条文规范出现不足与滞后是十分常见的，也是不可避免的。因此，深层次的行政规范性文件合法性审查工作不仅是停留在文件制定过程中的静态审查，还须通过文件制定出台后实施过程中的评估等方式把握行政规范性文件的动态效果，以便及时发现行政规范性文件存在的问题并进行纠正或改进，这个过程被称为动态的合法性审查，以确保行政规范性文件的科学性。

诚然，理论界和实务界对行政立法进行立法后评估已有不少有益实践，但对于行政规范性文件制定后的评估则尚处于探索阶段。其实，对于行政规范性文件制定后的评估同样值得重视，若行政规范性文件制定后不能有效实施，同样会导致“规制失灵”。因此，对行政规范性文件进行动态审查是提高行政规范性文件质量的重要环节。只有及时分析行政规范性文件在实际运行过程中产生的问题，有效发现缺陷并及时纠正，方可提高行政规范性文件的科学性。

四、结　语

新形势下，行政规范性文件的合法性审查制度终得正式确立。准确认定行政规范性文件、准确把握合法性审查的要点，是行政规范性文件合法

性审查的基本路径。行政规范性文件合理性、科学性亦涵盖于合法性之中，因此，对行政规范性文件的合理性、科学性的审查亦属行政规范性文件合法性审查的题中应有之义。

行政规范性文件合法性审查制度确立以来，其广度和深度正随着实践经验的逐步积累而不断提升。然而，我国行政规范性文件合法性审查制度全面铺开的时间并不长，目前依然处于实践探索阶段，需要通过不断实践，总结经验、探索方法，加以完善。

第二部分

诉讼案件和非诉项目篇

历经 7 年六审，亿元票据纠纷终获胜诉

胡祥甫[1]　吴方嘉宁[2]　龙方舟[3]

[1] 胡祥甫，首席合伙人，法学硕士。

[2] 吴方嘉宁，高级合伙人，金融学硕士。

[3] 龙方舟，律师，法学硕士。

一、案件背景

2012年到2014年，Y公司法定代表人邵某的妻子陈某与洪某、戴某、谢某之间一直存在人民币借贷关系。直至2015年5月31日，陈某尚欠洪某、戴某、谢某三人借款本息合计1亿多元，Y公司对其中绝大部分的债务提供了担保。

2015年6月1日，某上市公司K公司签发并承兑一张商业汇票，该汇票记载付款人为K公司，收款人为Y公司，出票金额为1亿元，到期日为2015年8月31日。Y公司收到上述票据后在背书人栏加盖公司印章、法定代表人印章，在陈某的安排下，Y公司于2015年6月2日通过财务人员将该票据（被背书人栏空白）交付给戴某，再由戴某交付给洪某。洪某随后前往澳门贴现票据，但未能成功贴现。

出乎洪某等三人意料的是，2015年8月6日，Y公司突然在Z市《都市快报》上申明案涉票据遗失。不得已之下，洪某等三人于2015年8月24日注册成立H公司，并确认将各自对陈某及Y公司所享有的借款本息债权转让给H公司，H公司在汇票的被背书人栏内记载了自己的名称，并于2015年8月25日委托Z市银行办理汇票托收手续。

然而，2015年8月27日，K公司的开户银行以账户余额不足拒绝承兑该汇票。百般无奈之下，H公司向Z市中级人民法院（以下简称Z市中院）提起诉讼，要求票据出票人、承兑人K公司、背书人Y公司连带支付汇票票款1亿元并赔偿逾期付款损失，至此开启了漫长的维权之路。

二、案件伊始：票据纠纷竟转为刑事侦查

2015年12月15日，H公司以票据纠纷为由将K公司和Y公司诉至Z市中院，要求票据出票人、承兑人K公司、背书人Y公司连带支付汇票票款1亿元并赔偿逾期付款损失。然而，K公司与Y公司均否认双方存在抵债合意，反过来主张自己只是在2015年6月2日将案涉票据交给案外人洪某用于贴现，后洪某告知其案涉票据丢失。且Y公司和K公司在2015年8月6日就已经刊登遗失公告。一审法院最终认定："案涉票据的流转过程存在经济犯罪嫌疑，应当裁定驳回起诉，将有关材料移送公安机关或检察机关。如经过侦查机关审查，影响本案作为民事纠纷案件处理的因素消除后，可依法提起民事诉讼。"

H公司显然无法接受这样的诉讼结果，故提起上诉。在二审中，H公司提出洪某绝对不存在非法占用的目的，反而是K公司的出票过程涉嫌经济犯罪的可能性更大。H公司通过网络搜索，发现K公司在开具商业承兑汇票后均以无款可付的原因拒绝付款，在主观上就存有不愿付款的故意。遗憾的是，在二审中，J省高级人民法院最终认定不能排除本案及相关人员存在违法行为的可能性，维持了一审判决，裁定驳回了H公司的上诉。

三、一审失利，金道律师临危受命

2017年12月，因刑事侦查一直没有下文，H公司再度向Z市中级人民法院递交了起诉状，法院终于对案件开始进行实体审理。

这一次，Y 公司依旧坚持在前次诉讼中的说法，否认双方存在票据转让关系，并主张双方不存在抵债协议。Y 公司声称，其将案涉票据原件交付洪某，是委托洪某就案涉票据予以贴现，而非转让票据权利。洪某在取走案涉票据后，一直未将案涉票据贴现，也未将案涉票据原件归还给 Y 公司，H 公司是恶意获得了案涉票据。同时，Y 公司以实际控制人邵某的妻子陈某在 2013 年 8 月至 2014 年 12 月向洪某累计转账约 1.3 亿元为由，并提供了转账凭证，主张双方债务已基本结清。

本次一审过程中，H 公司的律师也提交了多份借条和转账凭证，证明虽然陈某 2013 年 8 月至 2014 年 12 月向洪某累计转账 1.37 亿元，但自 2013 年到 2015 年 5 月，洪某转给陈某款项高达 2.39 亿元，即截至 2015 年 5 月 31 日，陈某共计欠洪某、戴某、谢某借款本息 1 亿余元。但一审法院却无视该项事实，以陈某与洪某、戴某、谢某之间“长期存在巨额资金往来，在没有证据证明当事人已对欠款金额进行结算的情况下，是否尚欠借款或实际欠款金额并不明确”为由，认为 H 公司并没有证据证明自己已经以抵债方式从 Y 公司取得案涉票据，反而对 Y 公司关于涉案票据交付洪某用于贴现、未转让票据权利的辩解予以采纳，驳回了原告 H 公司的诉讼请求。

一审的失利无疑将 H 公司及洪某等三人推入了绝境。因为洪某等人为了筹措如此巨额的资金，已经负债累累，承受着极大的资金压力和心理压力。绝望之中，洪某等人辗转找到了本所首席合伙人胡祥甫律师，希望胡律师能代理本案。

我们了解了基本案情和一审情况后，将目光聚焦到案件的事实认定问题上。本案的主要争议点在于，双方当事人是否存在真实的债权债务关系或者交易关系？Y 公司将案涉票据交给 H 公司的行为，究竟是转让票据权利，还是委托 H 公司代为贴现？双方当事人对本案的客观事实各执一词，甚至可以说截然相反。我们在代理二审时，确定了全面深入取证、通过形成完备的证据链最大限度地还原案件事实的思路，并牢牢抓住票据的“无因性”和“文义性”，为法官裁判案件提供必要且坚实的法理支撑。从结果上看，我们的诉讼策略也取得了巨大的成效，二审法院最终发回重审。并且，在重审的一审、二审中，法院最终都支持了我们的代理观点。

四、梳理事实，聚焦两大争议焦点

（一）焦点一：关于 H 公司与 Y 公司之间是否存在真实的债权债务关系？

《票据法》第 10 条规定：“票据的签发、取得和转让，应当遵循诚实信用的原则，具有真实的交易关系和债权债务关系。票据的取得，必须给付对价，即应当给付票据双方当事人认可的相对应的代价。”因此，我们需要解决的第一个焦点问题就是证明 H 公司与 Y 公司之间存在真实的债权债务关系。

我们提出，在认定债权债务时，是根据双方的债权债务凭证进行认定，还是根据双方的银行流水进行认定，这是截然不同的两个认定标准。在同一个案子里只能采取一个标准统一适用，不可混为一谈。如果一方以债权债务凭证为依据主张，另一方主张款项已偿还时，也应当提供还款协议等凭证。但在本案中，原审一审法院在认定双方债权债务关系时，恰恰采用了双重标准：在认定洪某等三人对陈某借款时，以债权债务凭证为依据；在认定陈某对洪某等还款时，则以银行流水为依据。在这样的双重标准下，得出了“陈某与洪某之间的债务已经基本结清”的结果，导致关键事实认定严重错误。

根据这个思路，我们搜集了大量证据，包括借款借据、借款合同、债权转让确认书、银行转账凭证，并制作了第一张可视化图表，证明双方之间存在真实的债权债务关系。在第一张可视化图表中，我们罗列了 2012 年到 2015 年，洪某、戴某、谢某等人对邵某和陈某的所有借款，合计金额高达 8385 万元，且 Y 公司对其中绝大部分的借款提供了担保。

同时，即便仅按照银行流水来认定洪某与陈某之间的债权债务关系，自 2012 年至 2015 年，洪某已向陈某转账累计 2.37 亿元，抵去陈某已偿还部分，借款债务本金有 1 亿元之多，加上利息后，债务金额更加巨大。为此，我们全面搜集了 2012 年至 2015 年，陈某与洪某之间的往来款转账，并制作了第二张可视化表格以便法院审查。在可视化图表中，我们比对了三年来洪某转陈某以及陈某转洪某的所有款项，发现洪某转陈某的金额共计 2.37 亿元，而陈某转给洪某的金额仅有 1.37 亿元。

通过上述证据，我们有力地向二审法官证明，原审一审法院的判决，正是在对双方借贷关系采用双重标准的基础上进行了错误认定，遗漏了洪某已向陈某转账累计 2.37 亿元的重要事实。

另外，根据《最高人民法院关于适用〈中华人民共和国合同法〉若干问题的解释（二）》① 第 20 条的规定，债务人的给付不足以清偿其对同一债权人所负的数笔相同种类的全部债务，应当优先抵充已到期的债务。自 2012 年开始，洪某向陈某合计转账 2.37 亿元；而陈某向洪某的转账则自 2013 年 8 月才开始，合计 1.37 亿元。二者刚好相差 1 亿元左右。故，就算认定陈某向洪某的转账属于偿还借款的性质，也是优先抵充双方之间前期的债务，抵去陈某已偿还部分，陈某向洪某借款的债务本金有 1 亿元之多。

---

① 案涉争议发生在 2015 年，于 2017 年一审时《民法典》尚未颁布，故应适用原《合同法》相关司法解释。

（二）焦点二：关于Y公司交付票据行为的性质

《票据法》第12条第1款规定：“以欺诈、偷盗或者胁迫等手段取得票据的，或者明知有前列情形，出于恶意取得票据的，不得享有票据权利。”因此，我们针对第二个争议焦点，抽丝剥茧，通过举证与说理力证本案中案涉票据系Y公司自愿交付至洪某手中，不存在上述以恶意手段取得票据的情形。

首先，Y公司主张其票据交付行为不是票据权利转让，而是委托洪某代为贴现，但该主张不仅缺乏证据支持，而且不符合常理。洪某并非Y公司员工，且双方之前从未办理过委托贴现事项，第一次就委托洪某贴现一张1亿元的票据，操作的风险极大。其次，双方没有办理任何委托材料，也并未就委托贴现事项约定过报酬、未约定过票据贴现率，这明显不符合委托办事的常理。更何况，陈某当时对多人借贷，并用票据偿还欠款，对于票据规则比较熟悉。这种将空白票据交付他人的行为的法律风险，陈某是充分了解的。作为一个注册资金上亿元的大企业的实际控制人，其不可能冒着如此之大的风险，在没有任何约定的情况下，将空白票据交给洪某贴现。这违反最基本的办事逻辑。

反言之，假设Y公司确实是委托洪某贴现票据，在票据不能收回的情况下，陈某完全可以与同在X区的洪某当面沟通，把票据取回，但Y公司与陈某并未这么做。这恰恰是因为双方之前交付票据时已经形成了票据权利的转让，而票据权利一旦转让，就不是背书人Y公司想收回就能够收回的。所以Y公司才选择了在报纸上刊载遗失公告的行为，试图逃避其应承担的票据付款义务。

另外，在本案二审的庭审过程中，经手票据的证人孙某通过视频通讯的方式作证，对案涉票据是用于抵债的事实进行了确认。据孙某陈述，陈某和洪某都曾在 2015 年 6 月联系他，有一张 1 亿元的汇票（案涉票据）要找他贴现，贴现的钱要用于归还陈某欠洪某等人的款项。沟通后，洪某将票据交给孙某。但因 K 公司的资信，票据未能成功贴现，其后孙某托表弟将汇票带回给洪某。该证人证言清楚说明了案涉票据交付流转的事实，对案涉票据系用于抵债的事实进行了有力确认。与之相对应，对于 Y 公司主张的将案涉票据委托洪某贴现的说法，除了其代理人当庭的单方陈述外，并没有任何证据加以支撑。无论是从经验法则出发，还是根据优势证据规则，我方提供的证据都更接近客观事实。

五、剖析法理，论证票据转让合法性与票据文义性

在通过完善的证据链证明了有关事实后，我们又层层深入，继续寻找有利于 H 公司的法理依据，并着重论证票据的文义性原则。

（一）拆解票据空白背书环节，强调票据转让过程合法有效

在仔细拆解、分析了本案中票据转让的所有环节后，我们认为：Y 公司将其已背书签章但被背书人一栏空白的汇票交付给 H 公司股东洪某的行为，属于空白背书。根据当时《最高人民法院关于审理票据纠纷案件若干问题的规定》（2000 年 11 月 14 日发布）第 49 条的规定，背书人未记载被背书人名称即将票据交付他人的，持票人在票据被背书人栏内记载自己的名称与背书人记载具有同等法律效力。在本案一审判决书中，法院已对“Y 公司收到上述票据后在背书人栏加盖公司印章、法定代表人印章，并于 2015 年 6 月 2 日将该票据交付洪某（被背书人栏空白）”的事实加以确认，该行为即构成票据法上的空白背书行为。在 H 公司于票据被背书人栏

内记载自己名称后，票据已经完成了由Y公司通过洪某转让给H公司的过程。故，案涉票据权利已合法转让，H公司为该票据的合法持票人，享有向票据债务人请求支付票据金额的权利。

同时，H公司与洪某是通过Y公司的真实意思表示、签章背书并自主交付票据的行为取得本案票据的，其取得票据的方式完全是合法有效的，而Y公司声明自己已经采用登报的方式挂失票据的主张根本无法成立。根据《票据法》第15条的规定，票据的法定挂失途径有三：通知票据的付款人挂失止付、依法向人民法院申请公示催告或者向人民法院提起诉讼。且不论本案票据系Y公司自主交付洪某，不构成票据丧失情形；即使构成票据丧失，Y公司采用登报申明的方式，并非票据法定挂失途径，不产生相关法律效力，案涉票据自始至终合法有效。

（二）从案件事实出发，强调票据文义性

票据的文义性，是指票据权利的内容以及与票据有关的一切事项均以票据上记载的文字为准，不受票据上文字以外事项的影响。[①] 凡在票据上签名的人，都应当根据票据上的文义承担票据法上的义务。本案中的票据转让行为已经完成，K公司与Y公司无权以票据文义之外的事实来对抗持票人H公司。

《票据法》第4条第1款规定："票据出票人制作票据，应当按照法定条件在票据上签章，并按照所记载的事项承担票据责任。"同条第3款规定："其他票据债务人在票据上签章的，按照票据所记载的事项承担票据责任。"本案案涉汇票上的记载清楚、准确、完整、连续，应属合法有效。尽管Y公司、K公司一直以"交付时是委托贴现的意思表示，不是用于抵

---

① 参见谢怀栻：《票据法概论》（增订二版），法律出版社2017年版，第20页。

债”为借口，试图逃避票据责任，但根据票据的文义性原则，这些说辞均不影响其应承担的票据义务。本案票据转让已经完成，根据票面记载，H 公司为合法持票人，享有票据权利。K 公司和 Y 公司均应严格按照票面上记载的情况向持票人 H 公司承担票据责任，无权以票据上文字记载以外的事项对抗 H 公司。

最终，二审法院将本案发回重审，在重审一审中，我们继续围绕事实和法律两个层面作战，最终重审一审终于判决 Y 公司、K 公司连带支付 H 公司商业承兑汇票票款 1 亿元及逾期付款利息损失。后 Y 公司虽提起上诉，但重审二审法院最终仍然维持了重审一审的判决。

六、结　语

本案是一起票据纠纷，案情复杂，诉讼历程漫长。我们在接受当事人的委托后，尽职尽责地处理委托事项，围绕着事实与法律两个层面作战，并取得了最终的胜利。对方当事人面对我们的客观证据无法自圆其说，正义的天平也终于回到 H 公司与洪某一边。2021 年 10 月，本案终于尘埃落定，法院基本采纳了我们的代理意见，支持了 H 公司的诉讼请求。这份判决对于已经久陷债务危机的 H 公司及洪某三人来说，无疑是一个沉甸甸的胜利果实。同时，我们也希望团队律师在本案中的处理思路，能够为日后的类案处理提供一些参考。

办案启示

事实认定是民事判决的基础。针对同一事实，当双方主张不同，使案件处于事实不清的状态时，应当巧妙地利用优势证据规则、证明程度的高度盖然性规则①等证据与证明规则，来追求法律真实。当证据显示待证事实存在的可能性明显大于不存在的可能性，法官可据此进行合理判断以排除疑问，在已达到能确信其存在的程度时，即使还不能完全排除存在相反的可能性，但也可以根据已有证据认定这一待证事实存在的结论。

本案中，H公司与Y公司对转让票据客观行为的表述截然相反。Y公司主张其将票据交给H的行为不是票据权利转让，而是委托洪某代为贴现。对此，我们通过相关证人证言，证明Y公司的主张缺乏证据支持。且Y公司主张委托洪某贴现的行为不符合普通人的行为逻辑。洪某并非Y公司员工，且双方之前从未办理过委托贴现事项，第一次就委托洪某贴现一张1亿元的票据，操作的风险极大。双方没有办理任何委托材料，也并未就委托贴现事项约定过报酬、未约定过票据贴现率，明显不符合委托办事的常理。我们的有力论证，无疑促使法官形成了相应心证。Z市中级人民法院在重审一审的判决书中也明确了“Y公司、K公司在票据已经背书转让的情况下以无基础关系为由主张H公司非法取得并持有票据，法律依据不足，本院不予采信”。

---

① 参见《最高人民法院关于适用〈中华人民共和国民事诉讼法〉的解释》第108条。

借款期限不明，如何认定保证期间

——林某与徐某、章某民间借贷保证合同纠纷案代理纪实

胡祥甫[1]　史庭来[2]

[1] 胡祥甫，首席合伙人，法学硕士。

[2] 史庭来，律师，法律硕士。

民间借贷纠纷为我们日常生活中最为常见的民事纠纷之一，其中关于借贷保证的约定往往因为当事人的疏忽或不了解没有得到足够的重视，出现约定不明或不规范的情形，从而引发争议。基于此，对于民间借贷保证合同纠纷的处理，需要律师极为细致地分析、充分运用诉讼策略及实务经验，力争还原案件事实，才能更好地维护当事人的合法权益。

一、案情简介

2020 年 11 月 10 日，徐某向林某借款 500 万元，并签订了一份《借条》。章某对徐某的上述债务提供了保证，在《借条》的“担保人”一栏处签名，同时载明“担保期限至 2021 年 1 月 31 日”。2020 年 11 月 12 日，林某通过某银行向徐某汇款 500 万元，并备注“借款”，当日徐某出具收条。2021 年 4 月，徐某和林某签订《借据》，徐某与徐某的妻子瞿某在借款人处签字，案外人郑某、王某、林某钏等人在《借据》的“担保人”处签字。

此后，徐某未履行偿还义务，2021 年 6 月，林某向绍兴市柯桥区人民法院提起诉讼，要求徐某偿还借款本息并要求章某承担连带保证责任。章某闻讯大惊，其认为保证期间早已届满，却突然被林某起诉要求承担保证责任，为此承受了极大的压力。辗转之中，章某拜访了本所首席合伙人胡祥甫律师，希望胡律师能代理此案。胡祥甫律师在了解案件背景后，接受了章某的委托，并指派史庭来律师共同办理此案。

二、真假借条之谜　揭穿原告提供伪证

在梳理了案件基本材料之后，我们发现本案的案情并不冗杂，关于事实的认定落在林某与徐某前后签订的《借条》及《借据》之上。在《借条》中，借款人是林某，保证人是章某，而《借据》之中并未出现章某，因此，《借条》系林某赖以向章某主张权利的唯一证据。

然而，在与当事人充分沟通之后，办案律师发现林某在诉讼中向法庭提交的《借条》并非章某签字时的版本，章某在签署该《借条》时，《借条》上并没有任何关于借款时间的约定，而林某提交的版本却明确约定了借款期限至 2021 年 1 月 31 日。事实上，本案债权人或债务人从未对章某作出过借款期限至 2021 年 1 月 31 日的意思表示。在《借条》签署之后，林某也始终未将《借条》原件或副本交还给章某。由此，办案律师认定林某提供的《借条》并非章某所签署的《借条》原件，无论有关借款期限的条款是林某自己做主添加还是林某与他人协商后添加，事实上均未经章某认可，也从未告知章某，办案律师进而认为原告向法院提供交的《借条》系伪证。

借　　条

借款人：徐某　住所地址（诉讼文件及相关通知送达地址）：略

身份证号码：略

今向林某借到人民币大写：伍佰万元整

小写：¥5000000 元整，利息按月利率 15‰计算

约定还款时间为2021年1月31日（此条系后期添加）

特立此据

借款人：徐某

担保人：章某签名（担保至2021年1月31日）

日期：2020年11月10日

林某之所以在《借条》中伪造这一条款，有其特殊用意。林某认为如果借款的还款日期恰好约定在保证期间的最后一日，可以适用《最高人民法院关于适用〈中华人民共和国担保法〉若干问题的解释》（以下简称《担保法解释》）第32条第1款："保证合同约定的保证期间早于或者等于主债务履行期限的，视为没有约定，保证期间为主债务履行期届满之日起六个月。"（林某认为本案不应适用《民法典》，故引用此条），迫使章某继续承担保证责任。所幸章某在手机中存留了其当时签订《借条》时所拍摄的原件照片，证明真实的《借条》上并无关于借款期限的约定，办案律师也立即向法院提交了该证据。不难看出，林某对于法律规定很熟悉，结合这种情况，恰恰证明了林某提起本案诉讼并将章某列为被告的行为存在很大的主观恶意。办案律师认为，对于此等明显有违诚实信用原则的行为，理应为司法所否定。综上所述，办案律师向法院提出，林某以伪造的《借条》为依据径行向法院提起诉讼的行为构成虚假诉讼。依据《民事诉讼法》的规定，诉讼参与人有伪造重要证据行为的，人民法院可以根据情节轻重予以罚款、拘留；构成犯罪的，依法追究刑事责任。

三、保证期间之争　剖析法条拨云见日

据章某陈述，在作为《借条》保证人签字的过程中曾被口头告知过该笔借款的还款期限至2020年12月底。因此，经协商，章某与林某在《借条》中明确约定“担保至2021年1月31日”。我们认为，林某未在这一期限届满之前起诉章某，保证期间已经超过，章某已无须再承担保证责任。然而，关于还款期限的真实约定却并没有以书面的形式体现在《借条》中，也没有其他直接的证据材料进行证明，进而导致了诉讼中不利的局面。因借款期限的问题直接关系到保证期间的认定，而在诉讼过程中，双方对本案借款关系中是否约定了借款期限、约定的借款期限究竟到何时的问题各执一词，由于双方都没有足够的证据来进一步证明有关借款期限的约定情况，于是引出了本案核心争议焦点：如果主债务的履行期限不明，应当如何认定保证期限？

原告认为，应适用原《担保法解释》第32条和原《合同法》第62条第4项的规定，章某的保证期间应该是在林某要求徐某履行债务之日起的6个月内。

对此，代理律师经过大量地检索与分析，对有关保证责任承担的法条进行了深入剖析，提出了应当将保证期间分为两种情形来认定的观点：

一种是将保证期间约定为一个时间段的方式，如约定保证期间为6个月。在这种情形下，若未明确约定还款期限，主债务履行期限不明确，则保证期间也随之不明确，保证期间在主债务履行期限确定后才能相应推定。

另一种是明确约定保证期间具体日期的方式，如约定保证期间至某年

某月某日。在这种情形下，虽然主债务的履行期限不明确，但保证期间是非常明确的，保证期间不受主债务的履行期限影响。

本案中，《借条》对于保证期间的约定是非常明确的，即“担保至2021年1月31日”，因此，章某承担保证责任的期限应止于2021年1月31日。同时，林某完全有条件在保证期间届满前向保证人主张权利，其未在保证期间届满前主张权利，则该权利消灭。

四、意思自治之寻　追根溯源探求真意

对于本案保证期间的含义，代理律师认为各方当事人的意思表示是一致的，对于本案保证期间于2021年1月31日届满的事实载明于《借条》之上，各方即应明知该期限对案涉借款保证责任承担之意义，即2021年1月31日之后保证人不再承担保证责任。林某伪造借款期限恰好与保证期间一致的行为，恰可说明其对保证期限届满的后果有充分的认识，据此恶意制造对保证人不利的情形，迫使保证人继续承担本不必再承担之保证责任。

此外，代理律师认为，林某与徐某及案外人（瞿某、郑某、王某、林某钏）于2021年4月重新签订《借据》的行为就表明原借款关系已消灭，新的借款关系已形成。理由如下：

第一，2021年4月签订的《借据》中并未约定《借据》是2020年11月10日《借条》的展期。

第二，《借据》中主债务人和保证人都发生了变化。第一份《借条》约定的主债务人仅有徐某本人，而《借据》约定的主债务人不仅有徐某，还新增了徐某的妻子。同时，《借据》约定的保证人是郑某、王某、林

某钏。

第三，林某在与徐某、瞿某、王某、郑某、林某钏等人签订《借据》时并未告知作为原《借条》保证人的章某，也从未让章某签字。假设按照林某所说的，从始至终都只发生了一笔借款关系，即依据2020年11月10日《借条》所发生的借款关系，那么在2021年4月只需要让新增的保证人在原《借条》上作为保证人签字即可，林某和徐某完全没有必要重新签订《借据》。重新签订《借据》的行为恰恰证明《借条》中的各方主体（林某、徐某、章某）意思表示一致，均认可章某的保证期间已经届满且已不再承担保证责任的事实，因此才重新签订了没有章某在内的《借据》。

综上所述，《借据》的签订充分表明原借款关系已消灭，新的借款关系已形成，章某不再作为案涉借款关系的保证人承担保证责任。

借　　据

借款人：徐某，性别：男

住所地址（诉讼文书及相关通知送达地址）：略

身份证号码：略

借款人因资金周转需要向林某借到人民币大写：伍佰万元整

备注说明：借款人徐某确认已于2020年11月12日收到出借人林某通过银行转账的方式汇转的该笔借款人民币伍佰万元整。

特立此据

借款人：徐某

徐某妻子瞿某

担保人（身份证号码）：郑某、王某、林某钏

五、保证方式之辩　新法与旧法的适用

本案发生于《民法典》实施之后，原告认为，本案《借条》签署于《民法典》实施前，不应适用《民法典》的规定，章某应按照原《担保法》及相关司法解释的规定承担连带保证责任。

就本案而言，从诉讼策略的角度出发，我们认为，应适用《民法典》及相关司法解释的规定，章某承担的保证责任为一般保证。根据《最高人民法院关于适用〈中华人民共和国民法典〉时间效力的若干规定》第1条的规定："民法典施行后的法律事实引起的民事纠纷案件，适用民法典的规定……民法典施行前的法律事实持续至民法典施行后，该法律事实引起的民事纠纷案件，适用民法典的规定，但是法律、司法解释另有规定的除外。"本案中章某的保证期间持续至2021年1月31日，也即法律事实持续至《民法典》施行后，且引起的民事纠纷系发生于2021年（《民法典》施行后），因此应适用《民法典》的规定。

《民法典》第686条第2款规定："当事人在保证合同中对保证方式没有约定或者约定不明确的，按照一般保证承担保证责任。"本案《借条》中对保证方式没有约定，因此，本案章某应按照一般保证承担保证责任。

《民法典》第693条第1款规定："一般保证的债权人未在保证期间对债务人提起诉讼或者申请仲裁的，保证人不再承担保证责任。"本案中，林某并未在保证期间向主债务人徐某先提起诉讼或者申请仲裁，章某不再承担保证责任。

六、结　语

因当事人的特殊身份等原因，本案最佳解决之道系调解结案，在律师团队的不懈努力之下，本案各方当事人最终达成了调解协议，徐某同意按月归还欠款，林某也随之撤回对章某的起诉，本案最终顺利结案。本案能最终获得调解结案的完美结局，一方面归功于律师团队的专业与坚持，另一方面也源于法官积极主持调解，对案件给予了很大的支持与帮助，各方共同努力为本案画上了一个圆满的句号。

办案启示

1. 善于发掘案件事实，是办理诉讼案件的基本要求

本案中，经过代理律师对当事人的详细询问，发现本案原告提供的主要证据经过篡改，而篡改后的证据对我方是非常不利的。在办理案件的过程中，我们时常会遇到当事人不能一次性完整阐述案件全部事实的情况，当事人有的时候并不能注意到某些案件事实的些许不同可能对案件的结果走向存在巨大的影响，此时就需要代理律师通过适当地引导来帮助当事人回忆案件的各个事实细节，充分发掘其中每一项与案件有关的法律事实，才能对案件作出正确的认知与评判。

2. 善于利用法理对法律没有直接规定的情形进行分析，是办理诉讼案件的应有之义

本案的基本案情与证据材料都相对清晰，主要的争议焦点是：在各

方都无法有效证明约定了具体还款日期的情况下，约定的保证期间是否有效？如何计算？在承办案件的初期，团队律师也做了大量的检索工作，关于这个问题，现有的法律实务与理论研究都没有明确的结论，也没有类似案例可以参考。因此，团队律师回归法理进行分析，探寻法律的应有之义。

3. 善于探究当事人的真实意思表示，是办理民事案件的重要法宝

意思自治是民法的基本原则，办理民事案件过程中要善于通过当事人的客观行为来探究其主观真实意思表示。本案中，林某与徐某、瞿某等人在《借条》所注保证期限到期后另行与他人签署新的《借据》的行为，恰恰证明了林某明知且认可章某的保证责任已经在2021年1月31日到期。因此，我们可以对本案保证合同的订立及履行过程中各方的行为模式等具体事实情况进行综合研判，得出章某的保证期限早已届满的事实。

百亿电动搬运车市场的专利争夺战

——行业龙头之间的系列专利纠纷案件代理纪实

江　力[1]　滕俊超[2]

[1] 江力，管理合伙人，法学学士。

[2] 滕俊超，律师，工学硕士。

一、繁华背后暗潮汹涌

电动搬运车凭借其平稳无噪声、清洁无污染、操作简便等诸多优点，逐渐成为传统内燃仓储物流搬运设备的完美替代。中国工程机械工业协会数据显示，2021 年电动步行式仓储叉车销售了 52.92 万台，同比增长 48.14%，且继续呈现高速增长态势。电动搬运车市场达百亿规模，行业前景广阔，已成为众多仓储设备制造商的必争之地。因此，发生在两家仓储设备制造龙头企业之间的持续多年的专利对抗，受到了极大关注。

H 公司是一家集研发、加工、生产为一体的物流搬运设备制造商，荣登“2019 年全球叉车 20 强”排行榜，国内市场占有率连续多年同行业排名前三位。W 公司同样作为一家具有 30 多年发展历史的优秀仓储搬运设备生产企业，在全国拥有 200 多家经销服务网点，国内市场占有率达到1/5 以上。从 2019 年开始，W 公司针对 H 公司新一代电动搬运车产品陆续对其发起多起专利诉讼，案件全面覆盖了新一代产品起升限位结构、升降结构、驱动转向结构等在内的各大主要系统。因本案所涉技术面很广，一旦法院认定 H 公司侵权，也就基本宣告了 H 公司从这个百亿规模市场的退出。但是，H 公司对该系列案件的前期应对很不顺利，针对涉案专利发起的专利无效程序都以失败告终，案件 A 一审败诉，案件 B 和案件 C 即将一审开庭却迟迟未取得有力证据。在这一被动形势下，H 公司找到笔者所在团队，并委托笔者团队律师全面代理该系列案件。

二、案情重整，技术溯源，大胆启用新抗辩方向

W 公司发起的系列诉讼虽涵盖了多项专利技术，但是打击目标却十分明确，就是针对 H 公司的新一代电动搬运车产品。笔者团队介入后，第一时间梳理了案情，综合分析了专利无效程序中 W 公司的技术观点。笔者团队发现，如果继续按照原有的抗辩思路，即对专利发起新一轮的无效或者对专利局已作出的无效决定而发起行政诉讼，胜诉难度较大且耗费时间较长。同时，由于 W 公司起诉专利的独立权利要求保护范围很大，就连 H 公司技术人员也认为被诉侵权产品落入了专利的保护范围。一时间，专利诉讼中作为被告可以选择的最直接的两个抗辩方向（作为权利基础的专利无效和不落入专利保护范围）都看似无路可走。笔者团队经过反复研讨后，采取了新的抗辩思路，即提出了现有技术抗辩（通俗而言，就是被诉侵权产品与专利申请前已经公开的一项技术方案如果相同，则被诉侵权产品的技术方案属于现有技术，并不侵犯专利权，而无论被诉侵权产品本身是否与涉案专利技术方案相同）。虽然现有技术抗辩对于现有技术证据的严苛要求使实务中通过现有技术抗辩取得成功的案例非常少。但是，笔者团队对这一方向的大胆选择并非仅仅因为其他途径受阻，而是通过与客户对产品研发的行业技术背景以及相关技术的演变过程进行多轮深入的交流，了解到涉案专利技术方案并非原始技术，而是来源于最初的手动搬运车和燃油搬运车后，考虑到了这个抗辩可能性。随着调查的深入，这一可能性逐渐增大，最终成为笔者团队推进系列案件各项工作的主要脉络。

三、回归基础，千里取证，坚持不懈赢转机

在确定了抗辩的整体抗辩方向后，笔者团队马不停蹄地投入基础证据收集和梳理工作中。其实，现有技术抗辩的难点就在于现有技术证据严格的内容要求。对现有技术证据内容的第一项要求是现有技术证据必须在涉案专利申请日之前就已经公开；第二项要求是被诉侵权产品与现有技术的比对按照单独比对原则进行，被诉侵权产品只能和单独一项现有技术证据进行比对，也就是要求该现有技术证据本身就包含了所有被诉落入保护范围的技术特征。这两项要求的存在，往往使公开的文本资料虽然在公开时间点的证明力上较强，但是很难展现出完整的技术特征，而实物证据虽然可以最大限度地展现各项技术特征，但是往往对该产品公开时间点又缺乏有效的证明。同时，证据内容本身的真实性、合法性、关联性，需要更多的证据相互印证，使现有技术证据的整理复杂且难度极大。

笔者团队对于基础证据的搜索紧扣每个技术特点，根据三个案件技术方案的不同（二审案件 A 涉及起升限位结构，一审案件 B 涉及升降结构，一审案件 C 涉及驱动转向结构），制定了现有技术证据的不同搜索方向。其中，案件 A 和案件 C 涉及的相关技术方案偏向各系统之间的整合，并不涉及过多细节结构特征，因此对案件 A 和案件 C 涉及的现有技术证据搜索对象集中在专利申请日之前的与被诉产品相似的同类型实物产品上，积极开展相似产品的溯源工作；案件 B 技术方案本身属于独立的升降动力单元，涉及较多的外购零部件细节技术特征，因此，其现有技术方向的搜索集中在油缸升降单元组件供应商所公开的技术文件资料上。

制定了搜索方向后，笔者团队和客户紧密配合，将所有工作的重心都

集中在证据的搜索上。随着时间的推移，搜索范围逐渐缩小。在长达几个星期的搜索后，案件 A 和案件 C 的现有技术证据首先取得了突破，目标逐渐定位到了案外人 Z 公司生产的两款分别为 YY 型号和 TT 型号的电动搬运车（YY 型号与案件 A 关联，TT 型号与案件 C 关联）。笔者团队首先通过 Z 公司官网及行业网站上公开的信息，了解到 YY 型号和 TT 型号电动搬运车都在各自案件涉案专利申请日之前已经公开销售，且从现在市场上正在销售的该两款同型号新产品与申请日前销售的老型号产品图片比对来看，变动并不大。但是仅有图片并无法进行细节的比对，为了防止后续工作方向出现偏差，笔者团队采取了第二步方案进行确认。在无法获取申请日前老型号产品的情况下，决定先通过实地暗访的方式，对 Z 公司官方经销店内展示的现有最新 YY 型号和 TT 型号实物电动搬运车进行初步的技术比对，结果发现上述两款最新型号电动搬运车的大部分技术特征与客户被诉侵权产品的技术特征相符合，这给了我们很大的信心。于是笔者团队沿着既定方向明确了第三步工作，尽快找到了在专利申请日之前已生产并公开的该两款老型号产品。笔者团队通过持续的覆盖性信息检索，配合客户的渠道网络，在一个多星期的针对性摸排后取得了进展。客户通过终端客户寻获了一台 TT 老型号电动搬运车，虽然车身存在破损，但是与涉案相关的技术方案整体结构依旧保持完整。同时，H 公司客户市场部传来消息，Z 公司在广州经销店中还存有一辆未出售的 YY 老型号电动搬运车。笔者团队充分意识到上述两份证据的重要性，当即就决定对在 Z 公司广州经销店中的 YY 老型号电动搬运车进行公证保全。为了确保异地保全工作万无一失，笔者团队对保全过程进行了现场模拟。考虑到案件 A 已经一审败诉，最高人民法院二审目前多采用网上审理形式，审理法官无法现场观察确认各个特征细节，笔者团队准备了众多标注各技术特征名称的照片，让法官通过公证书上的照片就能直观地了解各个技术特征的具体形态。同时，考虑到保全过程中需要和Z公司销售人员进行交流和沟通，笔者团队对对话内容和发问问题都进行了多轮预演，最大可能地挖掘出客观有效的信息并体现在公证文书中。在得到Z公司准确地址后，笔者团队立即远赴广州，第一天熟悉路线及Z公司经销商周围情况，第二天与事先沟通过的当地公证处公证人员顺利取得该款YY老型号电动搬运车实物，并进行了预定各个角度的细致拍摄（见图10－1）。至此，我们在证据收集上取得了从无到有的突破。

图10－1　YY老型号电动搬运车

虽然案件A和案件C都已得到了重要的基础证据，但是在证据收集和进一步梳理过程中，笔者团队也注意到从现有技术证据的完备性要求而言，两个案件的证据仍然存在不小的缺陷。笔者团队在公证时就发现案件A的YY老型号电动搬运车与被诉侵权技术方案存在一定差异，实际上起升限位的结构件与被诉侵权产品并不相同（被诉产品是货叉与连杆机械限位，YY老型号电动搬运车是摇臂与U形支架机械限位）。案件C中，首先，TT老型号电动搬运车是一款旧设备，而且是从终端客户处而非第三方官方销售店取得，其技术特征虽与被诉产品比对一致，但是很容易被对方反驳其是被改造过的，同一性的瑕疵无法排除。其次，虽然 TT 老型号电动搬运车车身侧面的铭牌上显示制造时间是专利申请日之前，但是由于制造时间距离申请日不过几个月，是否存在只是制造了但是在申请日后才被销售公开的可能性，其公开的时间是否在申请日之前依旧存在疑问。

在存有上述瑕疵和漏洞的情况下，笔者团队重新梳理了案件信息，进行了针对性的补强和反复的法律论证。一方面，抓住案件 A 一审判决书中对“限位结构”技术特征的解释，将其与功能性特征解释规则放置在对立面。判决书中认定只要起到限位功能的结构都属于限位结构，也就是对其采用了非功能性特征的认定，参照这个逻辑，现有技术证据的比对同样应该采纳这样的解释，只要 YY 老型号电动搬运车中存在了限位功能的结构，其和被诉侵权产品中的限位结构就应当构成相同或者等同。在现有技术比对中，对技术特征的比对采用范围较小的严格标准，而在侵权比对中，对同一技术特征的解释采用范围较宽的宽泛标准，显然存在矛盾。另一方面，继续深挖案件 C 中 TT 型号电动搬运车的公开资料，通过对 Z 公司的官网售后热线进行公证，佐证了车侧铭牌上显示的编号车辆在申请日之前销售，通过对 Z 公司官方公众号的公证，取得了申请日前公开的 TT 型号电动搬运车图片，图片上可见的部分驱动转向结构与 TT 型号电动搬运车一致，可以相互印证。

与案件 A 和案件 C 的有序推进相比，案件 B 的证据收集从一开始就陷入僵局，搜索证据的过程更是一波三折。笔者团队第一步先是收集了多份油缸供应商专利，但是通过逐一分析发现其公开的技术方案始终与被诉侵权产品存在明显的差异，无法作为现有技术证据。在与供应商多次讨论后，我们发现供应商供货的油缸与他们自己专利上表述的技术方案不相同。在得到更为详细的设计图之后，笔者团队结合团队成员的学科优势，排除所有在先的倾向性信息干扰，重新审查技术原理和技术实现，随着对油缸内部剖面视图的不断分析，对液压油在整体油缸内部管路中运行的过程有了更为全面的了解。在此基础上，我们逐渐对客户之前提供的被诉产品技术特征与涉案专利一致的信息产生了怀疑，而就在案件 B 庭审前 3 天，在要求 H 公司技术人员切开与被诉侵权产品同款油缸上的一根出油管路时，笔者团队得到了想要的答案：切开的管路中空空如也，并不存在涉案专利中必须具备的一个细小结构。由于该细小技术特征存在于油管内部，且被诉产品表面上具备了该细小特征带来的功能效果，加上 H 公司前期提供信息的不准确，使该差异一直被隐藏。实际上，被诉侵权产品是通过其内部管路的优化改进设计，在不需要该细小特征的情况下，取得了该细小特征带来的效果。这一通过更少特征实现相同功能的技术方案显然与涉案专利不同，也不满足专利侵权比对中的技术特征全面覆盖规则。笔者团队通过对现有技术证据的不断搜索和细致分析得到了“意外”的启示，最终发现了以不落入保护范围进行抗辩的突破口，至此三个案件正式迎来了转机。

四、庭审交锋，步步为营，直击要害赢胜利

在经过对案件证据的系统梳理后，如何在庭审的最佳时间点巧用每一份证据反驳对方观点，使我方证据发挥最大的作用，这个难题就摆在笔者团队面前。考虑到宁波市中级人民法院对案件 B 和案件 C 进行了合并审理，而最高人民法院对二审案件 A 进行了远程网络审理的现实情况，结合专利侵权案件审理程序的特殊性，笔者团队针对不同案件分别制定了不同的庭审策略。

针对二审案件 A，笔者团队意识到网络审理的劣势，认为必须事先尽

可能地向审理法官清晰地展现YY老型号电动搬运车和被诉侵权产品两项技术方案的差异，否则在有限的庭审时间里，由于无法直接观察被诉侵权产品实物和YY老型号电动搬运车实物，审理法官很难完全理解各项技术方案。因此，在开庭前，笔者团队进行了以下几项细致的准备工作：一是将YY老型号电动搬运车实物的公证证据，包括其对各个视图的静态高清照片、起升限位过程各结构件的运动动态视频进行了整理，并制作了可视化表格。二是为了便于对被诉侵权搬运车起升限位过程的理解，其制作了三维动画模拟起升限位运动过程。在主审法官收到上述材料后，就公证实物证据的来源、两个技术方案的各项特征等细节问题，多次向笔者团队代理律师问询。正是以上充分的准备工作，使庭审开始时，法官对被诉侵权产品的技术方案以及YY老型号电动搬运车的技术方案有了比较清晰的了解。在庭审中，W公司代理人也不出所料地针对YY老型号电动搬运车的来源提出了多轮质疑。W公司代理人提出一般锂电池电动搬运车几个月不使用，电池就会亏电，该车为何这么久依旧在经销商手中。我们利用公证书中记载的与经销店的对话文本记录（设备在展会展出后就一直放在店内，有时候我们自己使用，就没有销售出去）很巧妙地回答了这个问题后，W公司代理人又随即对车辆本身的真实性提出了疑问。笔者团队根据事先预案，围绕公证书证明的事实，紧扣证据从第三方非关联企业经销店获取，对其真实性等各项疑问一一提出反驳。在庭审过程中，法官同样注意到了现有技术证据与被诉侵权产品之间的差异，对两方案起到限位作用的结构件不相同提出疑问。笔者团队结合YY老型号电动搬运车限位方案，将其设备上的三项限位方案根据实现的优先级逐一列出，并紧扣一审判决中对于“限位结构”是非功能限定的认定，根据证据环节所作的补强工作进行了全面的阐述，清晰列出了不同认定下的背后逻辑关系。如果认可限位结构为非功能性的限定，那么YY老型号电动搬运车只要具备了限位功能，那么其起到限位功能的结构应当认定为是限位结构，与被诉侵权产品技术方案一致，现有技术抗辩成立；如果两方案比对要求起到限位功能的具体结构件都完全一致，那么，一审对于“限位结构”非功能性限定的认定就存在错误。在庭审后，法官也多次与笔者团队进行了意见交换，基于各种原因，最高人民法院最终没有直接改判，H 公司和 W 公司以远低于一审判决结果的代价达成了和解，W 公司撤回一审起诉。

专利侵权案件的审理，与一般民商事案件相比，有一个特别的环节，就是侵权比对环节。在这个环节中，原告会对被诉侵权产品与专利的技术特征进行比较，而被告会有针对性地提出自己的意见，并对主张现有技术抗辩的证据与被诉侵权产品进行比较。案件 B 和案件 C 由于是在宁波市中级人民法院现场进行审理，笔者团队在庭审前作了细致的模拟和方案设计，包括比对时产品最合适的摆放角度，讲解时对法官和技术调查官的讲述重点，对原告的发问重点以及对方可能的问题应对，等等。在实际的庭审侵权比对开始时，为了聚焦重点，加深法官对于被诉侵权产品中不包含案件 B 涉案专利权利要求中的“单向阀”特征的印象，当原告按照程序先开始对被诉侵权产品与涉案专利技术特征进行比对时，笔者团队直接告知法官及技术调查官，为了节省法庭时间，我们请求只对双方有异议的唯一一项技术特征进行比对，获得法官准许。原告并未看出我方意图，在我方向原告确认被诉产品上油缸的外部弯管是否出油管时，对方进行了确认，紧接着我方提出被诉侵权产品在出油管中没有单向阀，这个与涉案专利不一致，原告坚持认为管路内存在单向阀。在拆下管路后，由于现场不具备切割条件，笔者团队用事先准备的细铁丝贯穿了整个出油管，清晰表明了管路内部不含任何结构。原告虽然马上作出辩解，认为油缸内部也应该是出油管路，单向阀应该在油缸内部。但是，显然法官此刻已经清楚理解了我们的抗辩焦点。在案件 B 侵权比对之后，紧接着是对合并审理的案件 C

的证据进行侵权比对。由于笔者团队主张了现有技术抗辩，所以在原告比对完被诉产品和涉案专利之后，我们同样对提交的Z公司的TT老型号电动搬运车和被诉侵权产品进行了现有技术特征比对。前文提到由于TT老型号电动搬运车是一辆从终端客户处取得的旧设备，原告虽无力反驳其与被诉侵权产品技术特征完全相同的客观事实，但是强烈质疑该老型号电动搬运车的来源，认为该设备是经过改造的，车身上的铭牌容易替换，并非该车的原始铭牌。我方冷静地向法官一一介绍了铭牌上的机器编码含义，以及与Z公司官方售后的录音文本记录：先认定该机器编码对应车辆的确是在涉案专利的申请日之前已经销售公开，紧接着掀开机器外壳，向法官展示了金属车架上的钢印，钢印的数字与铭牌上记录的机器编号完全一致。我们当庭提出，即使铭牌能替换，钢印痕迹无法轻易伪造，且该位置钢印一车一印，设备出厂就会存在。同时提交了公证保全的Z公司公众号中早在申请日之前就公开的TT老型号电动搬运车照片，向法官一一讲解与TT老型号电动搬运车外观上的一致性。此时，原告虽仍然坚持质疑TT老型号电动搬运车，但是在法官询问是否有进一步证据时，其并无法提供。庭审结束后，笔者团队汇总了庭审的争议焦点，并通过清晰的图表对比，在代理词中向法庭进一步阐述了我方观点。最终，宁波市中级人民法院判决案件C被诉侵权产品现有技术抗辩成立，判决案件B被诉侵权产品不落入专利保护范围，作出不构成侵权的一审判决。在之后W公司针对两案提起的上诉中，最高人民法院在判决书中充分采纳了笔者团队提供的技术方案简图及代理意见，全部维持了一审判决。

至此，系列案件得到妥善解决，笔者团队协助H公司摆脱了后顾之忧，使其可以继续加快在新兴电动搬运车市场上的布局，实现仓储搬运行业的绿色革命。

办案启示

专利案件因涉及技术方案或者外观设计问题，在案件代理过程中，不仅需要推敲事实背后的法律关系，还需要对案涉的技术层面有全面的了解。这就对承办律师的细节把握能力提出了很高的要求，每一处的技术比对都需要了然于心，每一项侵权比对规则都需要灵活运用，每一种可能的特征解释都需要准备充足。细节的把握不再局限于案头工作，更在于实地查看和实物拆解。对专利诉讼律师而言，其公文包里不仅需要笔记本和案卷，还需要常备螺丝工具组件。在专利诉讼案件中，每一处突破的发现，看似偶然，其实都是量变不断累积之下的质变结果。细节的把握，是量变积累的每一处开端，不懈地坚持，方能质变。在案件办理中，把握细节所披露的每一种可能，无论笨办法或聪明的巧方法，无论是直观就可确认还是需要搜索上千份比对资料才能一一排查，都应该在自己思路中有一个排序，根据优先级不懈地去一一排除，因为不经过这些看似枯燥和烦琐的工作，便无法发现隐藏在那一百种可能里的唯一真相。

临危受托不放弃　柳暗花明现转机

——王某非法经营一案办案纪实

王晓辉[1]　陈　雷[2]

[1] 王晓辉，管理合伙人，法学硕士。

[2] 陈雷，律师，法学硕士。

一、非法经营情节特别严重
临危受托力争一线生机

张女士的丈夫王某被杭州市公安局某区分局以涉嫌非法经营罪为由刑事拘留，焦急的张女士来到金道所向王晓辉律师寻求帮助。王律师在接受咨询的过程中初步了解到，王某在未取得烟草专卖许可证的情况下销售香烟而涉嫌非法经营，数额可能较大。当时案情尚不明朗，王律师只能结合法律规定和办案经验向当事人作了详尽的法律分析，并给出了相应的建议，张女士听后表示自己先去尝试沟通。

一个多月后，张女士了解到，侦查机关认为王某的涉案金额高达100余万元，根据《最高人民法院、最高人民检察院关于办理非法生产、销售烟草专卖品等刑事案件具体应用法律若干问题的解释》第3条的规定，如果王某的行为构成犯罪，将属于“情节特别严重”，法定量刑为5年以上有期徒刑。而且，根据近些年法院的判例，100万元以上销售金额对应的量刑一般不会低于7年。这对于张女士而言，无异于晴天霹雳。

“我们一家人失去了顶梁柱，我该怎么办?”张女士无奈地问道。王律师回应道：“无论如何，只要案件尚未判决，我们都应该竭力争取。”王律师结合自己的专业知识与办案经验就本案提出了初步辩护思路。最终，王律师的专业与耐心取得了张女士的信任，张女士委托王律师作为王某的辩护人介入该案。

二、律师会见发现自首线索
多方沟通终定从宽情节

接受委托后，王律师立刻前往看守所会见了王某。王律师先是询问了王某关于委托辩护律师的意见，接着就案情和王某进行了层层递进的沟通：

问："你是怎么到案的？"

答："在自己超市被办案人员控制的。"

问："具体过程详细描述一下？"

答："当天我看见超市被民警和着白色制服的执法人员封锁，就上前询问情况，接着就被控制了。"

问："超市被封锁时你在哪里？"

答："案发当天，我要给员工发工资所以开车去银行存现金。回来后，我将车停在店门口的马路上用手机和别人聊天。当时我是在车里看到相关人员封锁现场的。"

问："你当时有没有意识到封锁现场的是公安民警？"

答："我知道的，他们都穿着制服。"

问："那么你当时有没有机会逃走？"

答："可以是可以，但是我没有想过逃避。"

问："你到超市之后有没有向办案人员表明你的身份？"

答："表明了。当时他们拦下我说这里不营业，我就和他们说自己是这里的老板，有什么问题可以询问我。接着，我就被控制起来了。"

辩护律师敏锐地把握住"到案经过"这一重要线索，难掩心中的兴奋！因为这意味着，王某存在自首的可能性，如果自首成立，那么本案就有争取刑期降档的机会。此时，案件出现一缕曙光。

之后，王律师起草了律师意见书提交给侦查机关，提出王某系自动投案，存在自首情节。案件移送审查起诉后，王律师通过查阅案卷材料，发现《归案经过》并未写清楚王某的到案过程。结合阅卷的情况，王律师起草了《审查起诉阶段律师意见书》提交给人民检察院，提出了《归案经过》没有反映事实全貌，且王某存在自首情节的律师意见。经过辩护律师的不懈努力，人民检察院最终认可了律师的辩护意见，认为王某属于自动投案，依法成立自首。至此，辩护工作取得了阶段性突破。

三、减轻处罚得以刑期降档
认罪认罚彰显人文关怀

虽然自首情节敲定，但是案件仍然没有到“松口气”的时候。面对预期7年以上的刑期，如何才能帮助王某争取尽快重获新生的机会呢？为此，王律师不仅从法律层面与承办检察官进行沟通，提出王某实际销售香烟金额存疑、搜查笔录及辨认笔录中的见证人违反规定、王某的行为社会危害性小等律师意见，还结合王某自身的家庭情况，从司法社会效果的角度表达了对王某适用认罪认罚从宽制度并予以减轻处罚的建议。在王律师提交《关于对王某适用认罪认罚从宽制度的律师意见书》之后，人民检察院表示对辩护律师的意见予以认可，虽然不能对王某适用缓刑，但是可以对王某减轻处罚。

经过双方的多次沟通与努力，最终王某在王律师的见证下作了认罪认罚具结，人民检察院的量刑建议为4年6个月，相较于最初7年以上的预

期刑期，几乎实现了刑期减半的效果。2021 年 3 月 4 日，人民法院一审采纳了检察院的量刑建议，判决王某有期徒刑 4 年 6 个月，王某不再上诉，本案顺利办结。

办案启示

自首是一项典型的法定从轻、减轻处罚情节，法律规定也较为简单，即“犯罪以后自动投案，如实供述自己的罪行的，是自首”。但是实践中，自首的认定其实是一个比较复杂的问题，仅就“自动投案”而言，便存在“典型自动投案”与“非典型自动投案”之分，而本案中王某的情况即属于后者。王某明知办案机关对其门店进行调查，在可以逃避的情况下主动将自己置于司法机关控制之下，符合《最高人民法院关于处理自首和立功具体应用法律若干问题的解释》（法释〔1998〕8 号）第 1 条规定“自动投案”的概念，加之其到案后如实供述，依法应认定自首。

本案中，辩护律师以“自首”为切入点实现刑期降档的效果，具体工作可以拆分为以下三个层面：

其一为事实之辩。王某“自动投案”的事实在律师介入之前并没有被记载在案卷材料之中。也就是说，如果律师没有及时从王某口中得知其到案经过，并将这一事实反映给人民检察院的话，恐怕王某的自首情节将会被遗漏。换言之，本案中律师通过主动询问当事人来“发现事实”，不仅为辩护工作打好了坚实的基础，更是为侦查工作起到了良好的补充效果。

其二为法律之辩。辩护律师最初向侦查机关提出王某存在自首情节的意见时，侦查机关虽然对事实表示认可，但对能否认定为自首仍无法作出明确结论。对此，辩护律师没有气馁，而是在审查起诉阶段全力以赴。经过详尽的法律检索与解释，辩护律师成功说服了承办检察官，在审查起诉阶段为王某争取到了自首情节，也为后面减轻处罚争取到难得的机会。

其三为情理之辩。根据《刑法》第67条的规定，对于自首的犯罪分子可以从轻或者减轻处罚。换言之，即便有自首情节，也可以不从轻处罚，或者从轻但不减轻处罚。本案中，王某如果想争取5年以下刑期或者缓刑，就必须得到减轻处罚的机会。辩护律师为了实现这一目标，从案件的证据问题、法律适用以及司法社会效果等方面与承办检察官展开沟通，并向检察官提出了王某特殊的家庭情况，才最终取得检察官的认可。

单头与双头打桩价格之争

——一起历时2年的建设工程施工合同纠纷办案纪实

陈建刚[1]　唐小平[2]

[1] 陈建刚，高级合伙人，法律硕士。

[2] 唐小平，高级合伙人，教育学学士。

根据《招标投标法》及相关法律法规，达到标准的大型基础设施、公用事业等关系社会公共利益、公众安全的工程建设项目以及全部或者部分使用国有资金投资的工程建设项目等必须采用招标的方式确定承包人。招投标过程中的诸多文件，在发包人和承包人签订合同的时候，一般也会作为合同的组成部分。招投标文件若存在错漏或意思表达不清晰，在后续合同履行中往往就会产生分歧、纠纷，甚至给一方或双方造成经济损失。

本案就是如此。本所律师代理承包人在案涉项目大面积施工前即申请仲裁，并最终得到仲裁庭的支持，为我方当事人避免了数千万元的经济损失。

一、招标文件引争议　按图施工价不同

2018 年 11 月，嘉兴 G 公司（以下简称发包人）发布了某航道工程 TJ01 标段的土建施工招标公告。W 建设公司和 D 建设公司组成联合体（以下简称承包人）进行投标，于 2018 年 12 月 19 日取得了中标通知书，于 2019 年 1 月 18 日与发包人签订了施工合同。

2019 年 6 月，在该项目水泥搅拌桩的试桩过程中，发包人与承包人关于招标文件中的“ϕ700mm 水泥搅拌桩”在理解上产生了分歧。由于在招标文件的工程量清单中，争议子项目的名称为“ϕ700mm 水泥搅拌桩”，故承包人认为应当按单头水泥搅拌桩进行施工。若要按双头水泥搅拌桩施工，就需要调整相应施工单价并增加工程价款，因为承包人是按单头桩的价格而不是按市场价更高的双头桩的价格标准进行的投标报价。但发包人

却认为，招标文件所附施工图纸显示该子项目的施工内容为双头桩而不是单头桩，故招标工程量清单中的“ϕ700mm 水泥搅拌桩”本身就应该是指双头水泥搅拌桩，若承包人确实是按单头桩的价格投标报价，也应自行承担损失。

由于双头水泥搅拌桩的施工成本几乎是单头水泥搅拌桩的 2 倍，若认定招标文件中的“ϕ700mm 水泥搅拌桩”就是发包人所主张的短轴为 700mm、长轴为 1200mm 的双头水泥搅拌桩，无疑会导致承包人产生巨额的经济损失。

考虑到该争议如果不能尽快解决，最终决算时就须通过司法途径处理，故承包人在沟通无法取得进展的情况下，委托本所律师就该争议申请仲裁，希望能够通过司法途径提前确定按双头水泥搅拌桩作为施工单价的计价标准。

二、发包人程序“挖坑”　承包人自如应对

通常情形下，建设工程施工合同的价款争议均是在工程竣工后的结算阶段才产生，且承包人所提诉讼/仲裁也多为给付之诉，而本案却有所不同。考虑到此时提起给付之诉的条件尚不具备，故本所律师建议提起确认之诉，即请求确认对于案涉双头水泥搅拌桩的施工内容，应根据承包人所报单头桩的价格要素，按双头桩与单头桩在材料用量等工程量上的倍率关系，另行组价后确定其相应施工价格。

对于该仲裁请求，发包人首先从程序上发难，以不太明白承包人的仲裁请求为由，要求承包人进一步明确是不是请求确认案涉招标工程量清单中的“ϕ700mm 水泥搅拌桩”为单头水泥搅拌桩？

诚然，本案争议确实是因上述招标子目到底是指单头桩还是双头桩所引起，但并不表示该争议就是承包人的仲裁请求。站在承包人角度，其既然已经按单头桩的标准针对前述招标子目进行报价，就只能坚持该招标子目所述单位工程量就是单头桩的规格，进而认为招标文件中只列了单头桩的子目而未列双头桩的子目。基于这一观点，在确定双头桩价格时就势必应根据单头桩的价格要素另行组价方可得出双头桩的价格。现因发包人不同意就双头桩另行组价，而是要求直接套用单头桩的价格作为双头桩的价格，故承包人提请仲裁，请求裁决确认双头桩的合理价格确定方法。

发包人实际是试图将承包人引入请求确认事实争议的歧途。部分司法观点认为，事实争议不可诉。若当事人请求确定的仅为事实争议的，应予驳回。

果不其然，在无法从承包人处得到其想要的答案后，发包人干脆直接将承包人的仲裁请求歪曲为“请求确认案涉招标工程量清单中的‘φ700mm 水泥搅拌桩’子目为单头水泥搅拌桩”，进而认为本案不具有可裁性，甚至“好心”建议承包人另提给付之诉或请求变更价款的形成之诉。

发包人一方虽刁钻“挖坑”，但作为承包人代理人的本所律师早已识破其计，就针对本案诉的类型、所提仲裁请求到底是请求确认事实争议还是请求确认权利义务争议等问题逐一剖析，并就发包人所提供的最高人民法院裁定对某施工企业请求确认工程造价案驳回起诉的案例进行了针对性分析和解释。

本案实体尚未交锋、程序已短兵相接。

三、逻辑层层递进　主张各有依据

本案的核心事实争议，实际就是招标工程量清单中的“φ700mm 水泥搅拌桩”到底是单头水泥搅拌桩还是双头水泥搅拌桩。

本所律师首先提出了数学上的论证。主张从招标工程清单的子目名称来看，“φ700mm 水泥搅拌桩”只有一个参数，即“φ700”，而 φ 是表示直径的符号，700mm 则是具体的数据。在仅有直径这一个参数的情况下，只能画出一个圆，即单头水泥搅拌桩的横截面。双头水泥搅拌桩横截面实际是由两个直径相同但部分重叠的圆所组成的图形，若要表示双头水泥搅拌桩，除了直径参数以外，至少还需要知道长轴的长度，故规格尺寸的表达必须包含直径和长轴长度两个要素，否则无法表示确定的双头水泥搅拌桩的规格。

另从合同专用条款规定的 φ500mm 和 φ700mm 的水泥搅拌桩水泥消耗量计算，也可以推知合同中的“φ700mm 的水泥搅拌桩”是指单头水泥搅拌桩。因为招标文件第四章“合同条款及格式”中的专用合同条款第 16. 1. 3 条第 3 项规定的“水泥搅拌桩中的水泥消耗量：直径 φ500mm 的按每 10m 桩长 0. 481 吨计算；直径 φ600mm 的按每 10m 桩长 0. 577 吨计算；直径 φ700mm 的按每 10m 桩长 0. 943 吨计算”。根据上述数据，可以简单地计算出：

$$\frac{\phi700\text{mm 水泥搅拌桩水泥用量 }0.943\text{ 吨}}{\phi500\text{mm 水泥搅拌桩水泥用量 }0.481\text{ 吨}}$$

$$=\frac{\phi700\text{mm 水泥搅拌桩横截面面积 }\pi7002}{\phi500\text{mm 水泥搅拌桩横截面面积 }\pi5002}$$

这一比例关系成立的前提是两者必然是标准的圆形，即单头水泥搅拌桩。若是双头水泥搅拌桩，横截面面积之比不可能等于水泥用量之比，故而可以推定招投标文件中的“ϕ700mm 水泥搅拌桩”就是指单头水泥搅拌桩。

发包人对此无法进行正面回应，转而提出该案所涉招投标过程中的报价方法为不平衡报价法。所谓不平衡报价，是指在总报价不变的前提下，将某些分项工程的单价定得高于常规价，将另一些分项工程的单价定的低于常规价，以保证总报价有竞争力并能获得较好的经济效益。发包人认为，承包人要求确认的单价在不平衡报价法存在多种可能，故而即便该项目价格偏低，依然是处于合理区间内。

面对发包人这一辩解，本所律师敏锐地发现了其中的漏洞——本案所涉工程项目招投标文件中明确规定了投标人需要“在招标人发出中标通知书前接受明显不平衡报价的修正”。也就是说，招标人在评标过程中应当对是否存在明显的不平衡报价进行审查，若发现存在不平衡报价，可在中标通知书发出前要求对有关单价进行修正。根据《内河航运水工建筑工程定额》的规定，桩径为 700mm 的单头水泥搅拌桩每米水泥用量就为 0. 0943 吨，而本案承包人编制的投标文件中的单价分析表清晰载明了 ϕ700mm 水泥搅拌桩的水泥用量为每米 0. 0771 吨，已经低于定额的用量。若是按照发包人所称的该招标子目系双头水泥搅拌桩，则这一水泥用量连定额的一半都达不到，显然不可能正常完成施工。在评标过程中不可能也不应该忽视这一严重的“不平衡报价”，但发包人对承包人的投标文件从未质疑过，亦未提出过价格修正要求。发包人的行为恰恰可以说明，承包人在该项目计价时，并未采用所谓的“不平衡报价”，而是科学合理地按单头桩的标准进行报价。

发包人提供另一个依据，即招投标文件的图纸中，施工位置标注的是双头短轴长700mm，长轴长扣除重叠部分为1200mm的水泥搅拌桩。图纸作为招标文件中先于“已标价工程量清单”的文件，投标人应当优先阅读并理解。对此，本所律师亦进行了合理的解释。图纸文件中确实标注了“双头 ϕ700mm 水泥搅拌桩”字样，并有相应的图示，但这也从侧面证明了即便已经有图示的情况下，也需要在水泥搅拌桩名称中加上“双头”的前缀，用于区别一般的单头水泥搅拌桩。然而，后续的工程量清单子目中并未标注“双头”字样，案涉工程亦不仅仅有此处的双头水泥搅拌桩，承包人作为投标人自然会认为是将单头水泥搅拌桩的工程量作为“单位工程量”，即双头水泥搅拌桩只需在单头水泥搅拌桩的计价基础上折算即可，不存在价格无法确定的问题。

四、调查取证艰难曲折　一波三折终获胜果

虽然本所律师对于案涉 ϕ700mm 水泥搅拌桩是单头水泥搅拌桩还是多头水泥搅拌桩已经从多个层面进行了翔实的论述，但发包人的说法也有一定道理，仲裁一时陷入了僵局。

面对这种情况，本所律师提出，根据相关规定，案涉工程招标前必须由招标人或其委托的有相应造价资质和编制能力的造价咨询机构编制工程量清单预算，并且招标人还须将工程量清单预算编制报告送至交通运输造价管理机构进行审查，以核查计价定额和计价规范运用的合理性、各标段清单单价的均衡性等内容。因此，只要审查发包人委托咨询机构所编制的预算，就可以推定本案招投标中的 ϕ700mm 水泥搅拌桩到底是单头水泥搅拌桩还是双头水泥搅拌桩。但反常的是，发包人却一直未提供该预算书作为证据，经本所律师依法申请，也仍然拒不提供。

在无法取得预算书的情况下，为了更好地证明观点，本所律师找到了编制案涉招标预算书的造价咨询机构并进行了调查。根据调查结果，造价咨询机构相关人员也承认在编制该项目预算时“φ700mm水泥搅拌桩”的预算价格是参考《内河航运水工建筑工程定额》（JTS 275－1－2014）定额标准——这与本所律师陈述的观点一致。

发包人对本所律师的调查结果不予认可。为查明事实，仲裁庭根据我方的申请进一步向该造价咨询机构进行了调查，并制作了调查笔录。尽管该机构的工作人员对仲裁员的核心问题闪烁其词，但还是承认了预算确实是参考前述定额所编制。

最终在本所律师的不懈努力下，仲裁庭终于认可了我方提出的主要观点，支持了大部分仲裁请求，为当事人避免了数千万元的经济损失。

办案启示

本案在存在对我方极其不利的施工图纸这一证据情况下，代理律师通过研究工程专业文件，充分利用工程专门知识进行严密的逻辑论证并寻找到了调查证据的途径，最终获得了良好的代理效果。

在建设工程招投标中，对招标文件审查不仔细，或者投标人在发现招标文件可能存在错漏时未及时要求澄清，均可能给双方带来巨大争议。

本所律师在本案代理过程中，没有完全拘泥于法律知识，而是充分利用数学与工程领域的知识进行科学论证，最终取得了良好效果，可供参考和借鉴。

“以打促谈” 46 案终获调解

——侵害信息网络传播权纠纷系列案件办案纪实

李泉良[1]　陆媛婷[2]　徐　越[3]

[1] 李泉良，高级合伙人，法学硕士。

[2] 陆媛婷，律师，法学硕士。

[3] 徐越，律师助理，法学硕士。

A 公司是一家互联网公司，主要业务为手机应用软件开发运营和流量推广服务，其开发并运营小说转码阅读、有声小说 App。B 公司是一家知识产权维权公司，经某网络文学版权方的授权，获得了大量网络文学作品的信息网络传播权，并可以以自身名义对侵犯其作品信息网络传播权的行为行使包括提起诉讼、要求停止侵权、赔偿损失在内的相关权利。B 公司以 A 公司开发运营的小说转码阅读、有声小说 App 中存在侵犯其作品信息网络传播权为由向天津某法院提起诉讼。B 公司共申请保全了 83 部侵权作品，起诉的案件数量达到 46 件，涉及 A 公司 3 个 App（包括一个小说转码阅读 App，两个有声小说 App）。本所律师接受 A 公司委托，促成全部案件调解结案，为当事人挽回了损失。

一、和解未成，A 公司决定积极应诉

2021 年 2 月，B 公司就 A 公司小说转码阅读 App 中的 5 部作品提起 5 个侵害信息网络传播权之诉，并保全了 A 公司银行存款 200 余万元（以下简称小说转码阅读 App 案件）。同时，B 公司已经保全证据但尚未起诉的作品还有 21 部。

实践中，此类维权公司的批量案件大部分以和解、调解方式结案，但经双方多次沟通，本案调解进展艰难。第一，B 公司和解方案金额过高。B 公司未实际经营，仅作为诉讼主体参与诉讼，其将注册地设在天津市，主要是因为天津法院对知识产权侵权案件的保护力度大，判决的赔偿金额高。B 公司在立案后将 5 个案件的诉请金额变更为 50 万元左右，并向本所

律师提供了同一受理法院对相同作品支持50万元赔偿金额的案例，因此B公司拒绝在金额上做过多让步。但本所律师通过案例检索发现，全国其他地区的判决金额基本在5万~15万元。第二，B公司拒绝以商业合作形式和解。A公司联系到版权方，希望能以商业合作的方式达成和解，即版权方授权A公司小说作品的信息网络传播权，A公司支付版权费。在与版权方的业务部门初步达成一致后，A公司却被版权方法务部门告知拒绝以该形式和解撤诉，和解再次陷入僵局。第三，A公司的小说转码阅读App上架时间不到3个月，仍处于测试阶段，收益为0元，以50万元的金额和解代价过高。基于以上原因，A公司决定积极应诉。

二、首战失利，法院认定小说转码阅读App侵权

在小说转码阅读App相关案件中，案件的争议焦点主要在于A公司的小说转码阅读App提供的小说搜索、转码服务是否构成信息网络传播权侵权。信息网络传播权，是指以有线或者无线方式向公众提供作品、表演、录音录像制品，使公众可以在其个人选定的时间和地点获得作品、表演、录音录像制品的权利。侵害信息网络传播权行为包括直接侵权行为、教唆侵权行为和帮助侵权行为，B公司主张A公司开发运营的小说转码阅读、有声小说App中的作品构成直接侵权。直接侵权行为的构成要件为：（1）实施直接侵权行为的主体一般为网络用户、网络服务提供者；（2）未经许可实施提供行为；（3）提供行为不属于《著作权法》第22条以及《信息网络传播权保护条例》第6、7条规定的合理使用。其中主要的认定难点在于如何认定网络用户、网络服务提供者实施了提供行为。根据《天津市高级人民法院关于侵害信息网络传播权纠纷案件审理指南（试行）》

关于侵害信息网络传播权行为的判定：网络用户、网络服务提供者通过上传到网络服务器、设置共享文件或者利用文件分享软件等方式，将作品、表演、录音录像制品置于信息网络中，使公众能够在个人选定的时间和地点以下载、浏览或者其他方式获得的，应当认定其实施了提供行为；网络用户、网络服务提供者未提供证据或者提供的证据不足以证明其系仅提供信息存储空间、搜索、链接等网络技术服务的，可以认定其实施了提供行为。

涉案 App 的服务内容为：用户通过涉案 App 提供的搜索引擎“App 搜索、神马搜索、360 搜索、百度搜索”搜索到第三方网站的小说作品后，可在涉案 App 进行转码阅读。本所律师经仔细研究，认为本案并非没有胜诉希望。B 公司证据保全视频中在 A 公司 App 上搜索到的涉案作品，均来自第三方网站，涉案 App 仅提供链接、转码服务。“转码阅读”服务系利用转码技术对第三方网站的内容抓取后进行智能重排，优化阅读版面，涉案作品内容仍存储在第三方网站上。A 公司仅提供搜索链接、转码服务，没有直接提供涉案作品，也未将小说缓存在自己的服务器上，不符合上述直接侵权行为第 2 项构成要件“实施提供行为”，不构成信息网络传播权侵权，具体如下：

第一，本所律师对涉案 App 进行了公证，在公证视频中可以看到涉案 App 已经明确提示提供的是“转码阅读”服务，而且不可以查看文章详情、目录，只能直接进行转码阅读，这是符合转码技术特征的。公证视频显示转码阅读页面上明确提示了作品来源“《××小说》来源于××小说网”。

第二，本所律师仔细查看 B 公司 6 个多小时的保全视频后发现了一个关键性证据，保全视频中某一小说章节因转码异常，涉案 App 显示了原网站“紫幽阁”的网页，完全可以证明 A 公司仅提供转码服务，未直接提供作品、也未将小说缓存在自己的服务器上。

第三，A 公司对第三方网站的侵权行为不存在明知或应知的过错，也不构成帮助侵权。B 公司取证时是通过主动输入相关作品关键字进行搜索的，A 公司也未事前设置或提示关键字推荐用户进行搜索，搜索结果完全是根据 App 算法随机产生的，并非 A 公司主动选择、编辑、修改、推荐的结果。[①] 同时，涉案网络小说知名度低，互联网上可轻易免费获得，网络小说作品不同于影视作品，面对海量的网络小说作品，A 公司无法判断这些搜索链接作品是否为侵权作品。

但遗憾的是，一审法院并未支持本所律师上述代理意见，认定 A 公司提供了涉案作品的在线阅读，侵犯了 B 公司对涉案作品的信息网络传播权，5 个案件共支持的经济损失赔偿金额合计为 160 万元。

三、“以打促谈”，终获调解

在小说转码阅读 App 案件二审审理期间，B 公司又就 A 公司有声小说 App 中 14 部有声小说作品提起侵害信息网络传播权之诉（以下简称有声小说案件）。有声小说案件的走向势必影响 A 公司与 B 公司的谈判，包括小说转码阅读 App 相关案件。因此，有声小说案件至关重要。

有声小说案件与小说转码阅读 App 案件最大的区别在于，涉案有声小说作品具有合法来源，均来自“喜马拉雅”App。A 公司作为喜马拉雅开

---

① 网络服务提供者是否主动对保护客体进行了选择、编辑、修改、推荐等行为，是认定网络服务提供者是否构成对侵权行为“应知”的重要考量因素之一。“应知”是指因存在明显侵权行为的具体事实或者情况，网络服务提供者应当意识到侵权行为的存在。网络服务提供者对他人实施直接侵权行为明知或者应知，构成帮助侵权。

放平台的企业开发者用户，依据与喜马拉雅开放平台的平台协议通过 SDK[①] 方式接入有声小说音频。相关证据有：（1）A 公司在喜马拉雅开放平台的用户信息页截图，可以证明 A 公司系喜马拉雅开放平台的企业开发者用户，注册后经喜马拉雅审核通过取得 SDK 接口，根据平台协议以 SDK 方式接入喜马拉雅的音频内容；（2）A 公司公证书中"Charles"抓包[②]软件抓取的在有声小说 App 中点击涉案有声小说时的域名显示内容均来自"ximalaya. com"；（3）涉案有声小说的章节名称、播放页面均明确写明："来自喜马拉雅 FM"，每一章节音频的开头均有提示音"海量精品有声小说尽在喜马拉雅 App"。初步来看，案件事实清楚，A 公司已取得喜马拉雅的合法授权，显然不构成侵权。B 公司还在庭前撤回了 14 个有声小说案件中 9 个案件的起诉，不管 B 公司出于什么角度考虑而撤诉，对我方来说，这都是一个利好消息。

但是，原告在与喜马拉雅 FM 的沟通过程中发现，喜马拉雅 FM 对涉案有声小说是否享有完整授权存疑。喜马拉雅 FM 并未第一时间提供 5 部有声小说作品的授权材料，反而下架了其中 4 部作品，剩余 1 部未下架作品《剑来》的授权链路也不完整，授权材料部分缺失。对此，本所律师多次与法官沟通，申请向喜马拉雅调查取证，以查清涉案作品授权情况，但法官在第一次开庭时当庭拒绝，局势对我方不利。

更为严峻的是，此时 A 公司收到小说转码阅读 App 案件二审判决书，驳回上诉，维持原判。于是，B 公司开始对小说转码阅读 App 中其余的作

---

① SDK 的全称是 Software Development Kit，中文为：软件开发工具包，一般是指软件工程师为特定的软件包、软件框架、硬件平台、操作系统等建立应用软件时的开发工具的集合。喜马拉雅开放平台提供了不同类型的 SDK，SDK 播放器中集成了播放数据回传接口，开发者可以通过 SDK 方式接入喜马拉雅的音频内容。

② 抓包是指使用工具软件对网络传输过程中的数据进行截获、抓取的行为，将抓包取得的数据进行分析，可了解其中的数据主体、内容、传输路径等特征信息。原告通过抓取涉案 App 在网络传输过程中的数据，证明涉案有声小说的传输路径来自喜马拉雅。

品提起侵权之诉，第二批共起诉9部作品。同时，B公司还就A公司另一个有声小说App中10部有声小说作品提起侵害信息网络传播权之诉。

转折发生在第二次庭审中，B公司当庭作出了非常有利于我方的陈述，成为本案的关键点。B公司主张涉案App的内容并非来自喜马拉雅，并从细节处质疑，但并不否认版权方与喜马拉雅的合作关系。B公司在庭审时陈述：授权方与涉案App的内容提供方上海喜马拉雅科技有限公司系合作关系，包括涉案5本小说均有合作。根据《最高人民法院关于民事诉讼证据的若干规定》第3条第1款的规定，“在诉讼过程中，一方当事人陈述的于己不利的事实，或者对于己不利的事实明确表示承认的，另一方当事人无需举证证明。”因此，可以认定喜马拉雅平台有权传播涉案5本有声小说。

此外，第一次庭审后法院同意向喜马拉雅调查取证，根据喜马拉雅提供的材料可以确认：（1）A公司系入驻喜马拉雅开放平台的开发者，运营的案涉App通过SDK技术接口方案实现获取喜马拉雅平台内的音频内容；（2）提供了《剑来》的完整授权材料，喜马拉雅已经取得案涉有声小说《剑来》的相关授权。

基于我方在有声小说App相关案件中的绝对优势，B公司终于在调解金额上作出一定让步，最终双方就B公司针对3个App已起诉的46个案件，以及已保全证据的83部侵权作品，达成了“一揽子”调解。整个系列案件历时1年，终于顺利结案。

办案启示

（1）相较于个案的胜诉结果，律师更要站在全局考虑，为当事人化解纠纷、挽回损失。在本案中，我方未执着于获得有声小说App相关案件的胜诉判决，而是以在该案件中的优势作为谈判筹码，促进双方调解，解决当事人更为棘手的已被保全200余万元的小说转码阅读App案件，从整体上为当事人挽回了更多的损失。

（2）在互联网新模式、新业态下，一方面，要加大知识产权司法保护力度，维护权利人合法权益；另一方面，也要从公平公正角度考量知识产权司法保护限度，限制通过知识产权维权谋求非法利益的行为。以小说转码阅读App为例，小说转码阅读App的服务内容为：用户通过App提供的搜索引擎搜索到第三方网站的小说作品后，为用户提供转码阅读服务。从理论上来说，任何互联网上的公开作品都可以在App中检索到，不论权利人有多少部作品，均可以通过搜索引擎搜索的方式在涉案App中搜索并进行转码阅读。因此，只要权利人的作品库够大，可以起诉的作品就没有上限。那么，不论侵权方的规模大小，权利人都可以通过不停起诉侵权作品，通过案件数量的堆砌，不断取得侵权方的赔偿，直至侵权方破产。即使侵权方的收益均来自其他合法业务，侵权App甚至没有任何收益，都会被这一个App拖垮，这显然已经超出合理的保护限度，因此应当对通过知识产权维权谋求非法利益的行为加以限制。

转股分家后反悔　据理力争护诚信

——一起历经多年的合同纠纷案代理纪实

赵青航[1]

[1] 赵青航，浙江理工大学特聘副教授、兼职律师，法学博士。

2018 年年底，我和胡祥甫律师、龙方舟律师开始办理 A 公司诉被告张甲、B 集团、张乙、C 公司的合同纠纷案。其中，张甲由胡律师和龙律师代理，张乙由我代理，C 公司由胡律师和我共同代理，吴宇亭律师配合我办理。本案经过漫长的庭前准备，历经一次庭前会议和一次开庭审理，以 A 公司于 2019 年年底的撤诉而告终。

然而，一个月后 A 公司又以类似的事实与理由再次起诉，经过多次开庭审理，一审法院依法驳回其诉讼请求。A 公司上诉，二审法院维持了原判。A 公司申请再审，某省高级人民法院于 2021 年年底驳回了 A 公司的再审申请。

2022 年年初，胡律师和我代理张甲与 B 集团的股权转让纠纷案，获得完胜的结果。

至此，我们的代理工作取得了最佳成果。鉴于张甲是我方最具关键意义的当事人，在此主要介绍我方律师代理张甲的办案历程。

一、“祸”起协议　诉诸法院

2003 年年初，张甲和 B 集团共同出资设立 A 公司，由张甲持股 10%，B 集团持股 90%。

2013 年 6 月，张甲欲向 B 集团转让其所有的 A 公司 10% 的股权，并退出 A 公司的经营，遂向 B 集团实际控制人朱某提交了《关于要求退出 A 公司股权的申请》（以下简称《退出申请》）。张甲在《退出申请》中提出“想退出在 A 公司股权 10%，以便 B 集团持有 100% 的股权”，并申请以《退出申请》中附表所列的四处房产（均登记在 C 公司名下）以及 5000 万元现金作为10%股权转让的对价。

2013年7月，朱某在《退出申请》上批示："根据张甲的努力和贡献，根据A公司现有的总资产及股权比例，同意按张甲提出的方案将资产及现金划给张甲本人。A公司的股份100%由B集团持有。"朱某又在《退出申请》的附表页批复："按此方案执行。"

为落实《退出申请》的内容及朱某的批复，2013年7月，A公司与张甲、张乙父子签订了《C公司股权转让协议》，A公司将持有的C公司股权全部转让给张甲、张乙父子。该协议第1条第1款约定："甲方（A公司）将所持有标的公司（即A公司的全资子公司C公司）90%股权作价900万元人民币转让给乙方（张乙）；甲方将所持有标的公司（C公司）10%股权作价100万元人民币转让给丙方（张甲）。"

随后，张甲向A公司支付了C公司的股权转让款100万元，张乙向A公司支付了C公司的股权转让款900万元。A公司与张甲、张乙办理了股权变更登记，张甲、张乙父子受让了C公司的全部股权，以此获得了《退出申请》中列明的登记在C公司名下的四处房产。

在C公司的股权转让完成后，2013年8月，B集团与张甲依据《退出申请》及朱某批复的内容，签订了《关于A公司10%股权转让框架协议书》(以下简称《框架协议》)，进一步落实整个交易框架，并对C公司股权转让的事宜作出确认。

根据《框架协议》第1.1.1款的约定，张甲将其持有的占A公司注册资本10%的股权及相关的一切权益转让给B集团。与之相对应，《框架协议》第2.2.2款约定，以下资产作为B集团受让A公司10%股权的对价：（1）1261.67万元股权转让金；[①]（2）A公司持有的C公司100%股权权

① 1261.67万元即A公司注册资本12616.7万元的10%。

益；（3）A 公司另向 C 公司无偿提供的 6000 万元（详见图 14 - 1）。

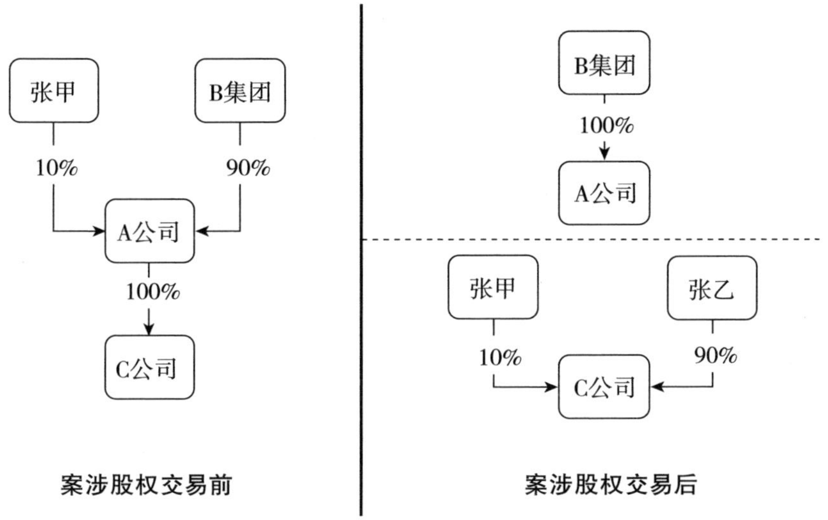

图 14 - 1　案涉股权交易前后相关主体的持股比例示意图

时隔多年后的 2018 年 11 月，已成为 B 集团全资子公司的 A 公司将张甲、张乙、C 公司、B 集团起诉至法院。A 公司提出如下诉讼请求：（1）确认《框架协议》无效；（2）判令张甲向 A 公司返还 C 公司 10% 股权，张乙向 A 公司返还 C 公司 90% 股权；（3）判令 C 公司向 A 公司返还 1000 万元，张甲、张乙对前述款项承担共同还款责任；（4）本案诉讼费用由张甲、B 集团、张乙、C 公司负担。

二、请求权基础不明　我方径行取证

在收到 A 公司的起诉状后，我们发现其在起诉状中着重描述了《框架协议》的签订过程，仅在正文最后一段谈及起诉的法律依据和理由：

> A公司认为，张甲与B集团之间所进行的A公司股权转让交易，应自行支付对价，不能处分A公司及其控股公司的独立财产，损害A公司的利益；通过调整A公司全资子公司C公司的资产以支付A公司股权转让对价的行为，更是违反了公司分立、减资的相关规定，损害A公司及其债权人的利益。故张甲与B集团签订的《框架协议》应认定无效，张甲及其指定的关联方张乙、C公司因该协议取得的财产应予以返还；对于C公司无法返还或没有必要返还的款项，张乙作为张甲指定的持有C公司股权的股东和法定代表人，应当对此承担赔偿责任。现根据《合同法》第52条第2项，第58条、第59条以及《公司法》第3条、第148条第4项、第175条、第176条、第177条的规定，特诉至法院，恳请判如所请。

通过这段陈述，可以看出，C公司主张《框架协议》无效的理由主要有以下两点：

第一，张甲与B集团之间进行的以A公司10%股权为标的的转让交易，应由B集团自行支付对价，不能处分A公司及其全资子公司（即C公司）的独立财产以损害A公司的利益。

第二，上述行为不仅违反了公司分立、减资的相关规定，而且损害了A公司及其债权人的利益。

由此可以发现，A公司在提出法律依据时仅罗列了原《合同法》和《公司法》中的8条规定，却未写明相应的理由，显得极其单薄、粗糙。最关键的是，A公司所提上述两点理由根本无法覆盖其列举的多项法律规则，致使我们对A公司的诉讼主张不甚明了，更加无法准确锁定A公司的请求权基础，这给我们接下去要着手的答辩、提出反驳证据等工作造成了相当程度的困扰。

经过讨论，我们决定暂从定性和定量两个方面确立我方的答辩思路。所谓“定性”，主要是指《框架协议》的合法性，即要论证《框架协议》系B集团和张甲的真实意思表示，且已基本履行完毕。“定量”则是指《框架协议》的合理性，即要证明《框架协议》约定的交易价格是合理公允的。

同时，我们多次向客户解释，要待庭审时A公司进一步明确其请求权基础后，我们才能对法律适用的观点作出更准确、深入的反驳。当前，我们最主要的工作是研究与签订《框架协议》有关的事实信息，并抓紧准备相关的证据。这一思路得到了客户的肯定，并缓解了其长期焦虑的心态，我们随即着手取证。

想要了解签订《框架协议》和案涉股权交易的背景，寻得有力的证据，着实不易。张甲因另案涉嫌职务侵占罪，已被公安机关采取刑事强制措施。张甲年事已高，在看守所的1年里身体健康每况愈下，记忆力大幅衰退，已记不清一些案涉细节，也记不起很多重要的文件材料存放于何处了。其子张乙因涉嫌妨害作证罪，也被关押在看守所半年有余，且他对案涉交易也是知之甚少。前来委托我们的家属和公司高管对此更是一无所知。我们只得多次前往看守所会见张家父子，从他们口中获知一些信息，才能再通过家属、公司员工的协助去获取佐证这些信息的零星证据。

在收集证据时，我们顺着之前已商定好的定性和定量的答辩思路。经过多月的密集取证，我们组织了如下证据：

第一组证据：包括张甲的《退出申请》和朱某的批复（原件），用以证明《框架协议》的内容是经B集团、张甲双方前期多次协商后确认的结果，约定的内容系双方的真实意思表示。

第二组证据：主要是C公司的工商变更登记资料和A公司打款给张甲的银行凭证，以证明《框架协议》自生效后双方已开始依约履行，且截至目前，《框架协议》已基本履行完毕。

以上两组是有关定性的证据，以下是关于定量的证据。

第三组证据：内含 A 公司及其下属的 12 家公司的工商内档资料，用以证明签订《框架协议》时，A 公司及其下属公司的总资产约为 52.6 亿元。其中，张甲按《框架协议》的约定转让 A 公司 10% 股权获得的对价（且主要是 C 公司的四处房产）约为 4 亿元，约占 A 公司总资产的 7.6%。由此可见，《框架协议》约定的交易价格具有合理性，张甲不存在多分资产的情况。

三、围绕焦点　庭审交锋

需要再次强调的是，在案涉股权交易前，B 集团是 A 公司的控股股东，前者拥有后者 90% 的股份。《框架协议》签订后，B 集团从张甲处受让了 A 公司剩余的 10% 股份，A 公司遂成为 B 集团的全资子公司。

基于此，当看到起诉状上的原告是 A 公司，第一被告是 B 集团时，我们就判断出 A 公司提起这场诉讼必是经过 B 集团的授意，他的目的是推翻案涉交易、否定《框架协议》，从而拿回已支付的股权对价。

庭审时，合议庭明确了本案最大的争议焦点是张甲与 B 集团签订的《框架协议》是否合法有效。

需要指出的是，在法庭调查阶段，合议庭成员和我们均请 A 公司的代理律师明确《框架协议》得以无效的请求权基础。但对方律师总是语焉不详。[1] 于是我们决定按照庭前已准备好的代理思路（详见图 14－2），即论证《框架协议》合法有效展开辩论。

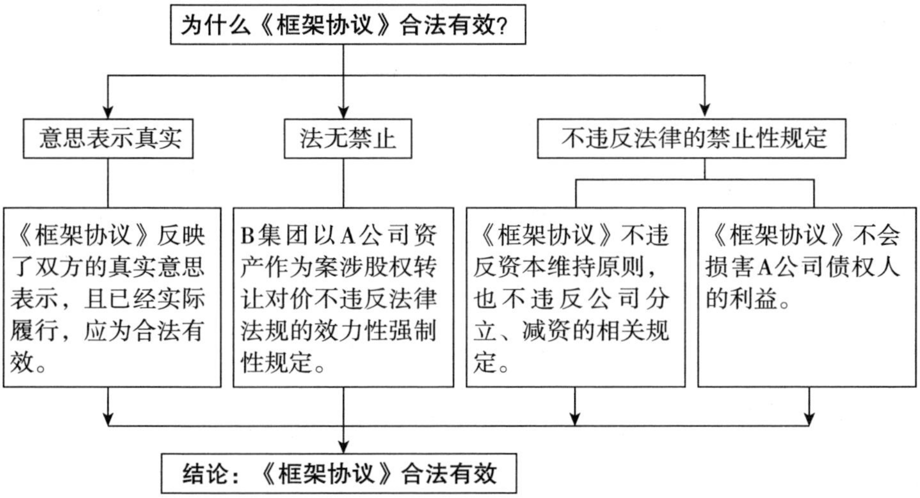

图 14－2　我方的代理思路

（一）《框架协议》反映了双方的真实意思表示，且已经实际履行，应为合法有效

（1）《框架协议》系 B 集团与张甲就后者退出 A 公司的相关事宜达成的合意。《框架协议》的内容自生效后各方已开始依约履行，在其后多年的履行过程中，各方均未对履行情况提出异议。截至目前，《框架协议》已基本履行完毕，说明双方对《框架协议》的内容和效力是确信且认可的。

（2）A 公司的代理律师在庭审时提出：“根据《公司法》第 148 条第 4

① 王泽鉴教授对请求权基础的界定是“可供支持一方当事人得向他方当事人有所主张的法律规范”（王泽鉴：《民法思维：请求权基础理论体系》，北京大学出版社 2009 年版，第 41 页）。邹碧华法官认为“就是指据以支持原告诉讼请求的法律规范”（邹碧华：《要件审判九步法》，法律出版社 2010 年版，第 71 页）。

项的规定，《框架协议》的制定、签署过程违法，应被认定无效。”我们认为，根据《公司法》第 37 条中的规定，对股东会审议事项以书面形式表示一致同意的，可以不召开股东会会议，直接作出决定，并由全体股东在决定文件上签名、盖章。A 公司仅有两名股东，B 集团与张甲协商一致签署的《框架协议》即可视为公司股东会决议文件。

（二）《框架协议》不违反资本维持原则，也不违反公司分立、减资的相关规定

A 公司的代理律师在庭审时提出《框架协议》违反了资本维持原则，尤其违反了公司分立、减资的相关规定。我们一一反驳道：

（1）对于 A 公司的财务情况，B 集团作为持有公司 90% 股权的大股东和实际控制人，不仅派驻总经理和财务总监对 A 公司进行日常管理，而且每年都会审计 A 公司的财务情况。《框架协议》签订时，A 公司及其下属公司的总资产约为 52.6 亿元，净资产约为 15.86 亿元。即使将《框架协议》中约定的约 4 亿元资产转让给张甲，A 公司的剩余资产也远大于其注册资本 1.26 亿元。况且划归给张甲的资产并非公司注册资本，应认定属于《公司法》第 166 条规定的可用于分配的公司利润，对该部分公司资产的处置并不会减少 A 公司的注册资本。

（2）针对 A 公司的代理律师根据《公司法》关于公司分立、减资等多个法律条款来主张《框架协议》无效。我们认为，同一转让不可能同时符合以上两种情况，也不可能同时适用多个法律条款，这恰恰说明了 A 公司的诉讼思路逻辑不清。具体而言：

第一，《框架协议》不构成公司减资，A 公司不能以违反减资的规定为由主张《框架协议》无效。《公司法》第 177 条明确规定“公司需要减少注册资本时，必须……”这说明《公司法》意义上的减资指的是减少注

册资本，而不是减少公司资产。B 集团以 A 公司 10% 左右的资产作为其支付股权转让的对价，没有减少 A 公司的注册资本，不违反公司的资本维持原则，无须履行公司减资的程序。

第二，《框架协议》不构成公司分立，A 公司不能以违反分立规定为由主张《框架协议》无效。《公司法》上的公司分立，是指一个公司分立为两个或两个以上公司的行为。虽然《公司法》第 175 条未对公司分立的定义作出明确规定，但是根据立法文件，公司分立分为新设分立和派生分立，"公司将全部财产分割新设立二个以上公司为新设分立……公司以其部分财产设立另一公司为派生分立"[①]。无论是哪种分立，都是将原有公司分立为至少两个以上公司。在本案的交易中，只有现存公司与公司股东之间进行股权和资产的转让，不存在任何一个公司分立为两个或两个以上公司的情形。因此，案涉交易不构成公司分立。

（三）《框架协议》不会损害 A 公司债权人的利益

A 公司的代理律师在庭审时重申了其在起诉状中的主张，即张甲与 B 集团通过调整 A 公司全资子公司 C 公司的资产以支付 A 公司股权转让对价的行为，损害了 A 公司债权人的利益。

我们反驳道：A 公司的债权人是具有独立民事权利能力和行为能力的民事主体，如债权人认为《框架协议》所约定的股权转让事宜存在损害其利益的情形，其应当以自己的名义向法院寻求救济。A 公司与债权人系相互独立的民事主体，其权利义务关系相互区别。现 A 公司以《框架协议》损害其债权人利益为由主张合同无效，属于诉讼主体不适格的情形。我们

---

① 卞耀武：《关于对中华人民共和国公司法（草案）的意见的汇报》，载《全国人民代表大会常务委员会公报》1993 年第 7 号。转引自王军：《中国公司法》（第 2 版），高等教育出版社 2017 年版，第 486 页。

也再次强调，案涉交易完成后A公司的资产远大于其注册资本。

（四）B集团以A公司资产作为案涉股权转让对价不违反法律法规的效力性强制性规定，亦不存在损害A公司股东利益的情形

我们在庭审时着重阐述：首先，关于公司的大股东能否使用公司资产去购买股权，法律没有作出禁止性规定。虽然《公司法》对公司财产与责任承担以及股东权利作出了原则性规定，并规定公司股东滥用权利损害公司或其他债权人利益，应当依法承担相应责任。但上述规定均非效力性强制性规定。对此问题，浙江省高级人民法院在我方一位代理人成功代理的一起类似案件中作出过精确的论断："虽然《中华人民共和国公司法》第3条、第4条对公司财产与责任承担以及股东权利作出了原则性规定，第20条也规定，公司股东滥用权利损害公司或其他债权人利益，应当依法承担相应责任，但上述规定均非《中华人民共和国合同法》第52条第5项规定的效力性、强制性规定。"① 该类案对于本案的代理具有极大的借鉴意义，详见附三。

其次，公司作为拟制法人，与自然人不同，其意思表示一般是通过股东会决议体现出来的。《框架协议》签订时，A公司只有两个股东，双方达成的《框架协议》应视为公司股东会决议。在大股东B集团收购小股东张甲的股权后，A公司成为B集团的全资子公司。虽然B集团用A公司的资产去支付了股权转让对价，但由于没有第三个股东，客观上也就不存在损害其他股东权益的可能。

---

① 参见浙江省高级人民法院（2015）浙民再终字第1号民事判决书。

（五）A 公司根据原《合同法》第 52 条第 2 项之规定主张《框架协议》无效的理由不能成立

庭审时，A 公司的代理人根据原《合同法》第 52 条第 2 项的规定主张《框架协议》无效。我们认为其主张不能成立，并回应道：原《合同法》第 52 条第 2 项规定，恶意串通，损害国家、集体或者第三人利益的合同无效。本案中，A 公司所表达的就是作为《框架协议》签约双方的张甲和 B 集团在恶意串通。但 A 公司一直没有提出双方恶意串通的证据。

恶意串通需要双方主观上的意思联络，客观上的相互配合。与之恰恰相反的是，B 集团一直在强调自己签订《框架协议》是因被蒙、被欺诈而陷入了错误认识。那么问题来了，A 公司主张 B 集团与张甲恶意串通，B 集团却认为其是被张甲欺诈了。然而，“恶意串通”与“欺诈”在本案中是绝不可能并存于张甲身上的。作为“一家人”的 A 公司和 B 集团在同一个问题上发出了两种相互矛盾的“声音”。可见，A 公司试图证明张甲与 B 集团所谓恶意串通的主张根本无法成立。

四、融情于理　捍守诚信

在庭审的最后陈述阶段，我们代表张甲、张乙父子和 C 公司，向合议庭表示：B 集团于 20 世纪 90 年代初，就在张甲所在的城市投资设立了 A 公司。张甲具体负责 A 公司在当地的经营管理工作，经过多年的苦心经营，张甲将 A 公司及其多家子公司发展成为总资产超过 52 亿元的优质企业，对 A 公司和 B 集团的发展都作出了巨大贡献，他本人还在 2011 年被 B 集团评为创业 30 周年的功勋人物。如今，B 集团联合其子公司 A 公司对张甲一方悍然提起诉讼，试图剥夺其应得的收益，否定其功劳，这是有违道义的。

诚信是社会主义核心价值观的重要内涵和基本内容。2019 年 11 月最高人民法院发布的《全国法院民商事审判工作会议纪要》指出："要依法审慎认定合同效力。要根据诚实信用原则，合理解释合同条款、确定履行内容，合理确定当事人的权利义务关系，审慎适用合同解除制度，依法调整过高的违约金，强化对守约者诚信行为的保护力度，提高违法违约成本，促进诚信社会构建。"

庭审结束后不久，A 公司悄然撤回了起诉，法院准许其撤诉。但 1 个月后，A 公司略微调整了诉讼请求中的金额，以几乎相同的事实与理由再次起诉。又经过逾 2 年的艰辛代理，一审法院、二审法院和再审法院均支持我方的观点，驳回了 A 公司的全部诉讼请求。一、二审法院的主要观点详见附一和附二。

五、乘胜追击　依法履约

在再审法院驳回了 A 公司的再审申请后，本案的代理已基本告一段落。我们立即着手代理张甲起诉 B 集团继续履行《框架协议》之案（即股权转让纠纷案）。考虑到 A 公司的支付能力更强，我们把 A 公司列为共同被告。张甲的诉讼请求具体包括：（1）判令 B 集团支付张甲股权转让款 2300 万元及相应的资金利息损失；（2）判令 A 公司对上述债务承担连带责任；（3）判令两被告配合原告将登记在张甲名下的 A 公司 10% 的股权变更登记至 B 集团名下；（4）本案的诉讼费用由两被告承担。

由于生效判决已认定《框架协议》合法有效，因此我们在庭前就已预判到该案的主要争议焦点在于张甲主张的股权转让款数额的确定以及承担主体、请求主体的认定。

庭审时，我们陈述的辩论意见主要包括两点：

（一）关于股权转让款的数额

《框架协议》约定B集团应支付张甲股权转让款1261.67万元，A公司另向C公司无偿提供6000万元。结合：（1）朱某在《退出申请》附表页的批复："按此方案执行。"（2）该附表第2条载明："再支付张甲现金5000万元。"（3）张甲、张乙父子共向A公司支付C公司股权转让款1000万元，其与上述6000万元的差额就是5000万元。以上事实相互印证，可以得出结论：A公司应向C公司另行支付6000万元，该6000万元也系股权转让对价的一部分。

我方在起诉状中自认，A公司已支付张甲4961.67万元，剩余2300万元未支付。A公司虽提供了金额达1.7亿元的支付凭证（共计32笔）作为反驳证据，但这些支付凭证均未明确上述款项系支付案涉股权的转让款，且我们提供了相应的借款合同和转账凭证予以反驳。

何况，在《框架协议》约定A公司仅需支付几千万元的情况下，其不可能会转账支付给张甲上亿元。所以，在A公司未能进一步提供证据证明上述1.7亿元系支付给张甲股权转让款的情况下，A公司对此应承担举证不能的法律后果。法院应认定B集团及A公司尚余2300万元股权转让款未支付。

（二）关于2300万元股权转让款的承担主体和请求主体

根据《公司法》的相关规定、《框架协议》的签订、诉前A公司已支付张甲4961.67万元以及生效判决的认定等一系列行为、内容，均表明A

公司同意承担案涉股权转让款的支付义务。根据《民法典》第552条的规定,[1] 第三人（A公司）向债权人（张甲）表示愿意加入债务，债权人未在合理期限内明确拒绝的，债权人可以请求第三人在其愿意承担的债务范围内和债务人（B集团）承担连带债务。根据该条规定，A公司加入了B集团欠张甲之债，其与B集团一并成为张甲的债务人。

原《合同法》第64条（与《民法典》第522条第1款的内容相同）规定，当事人约定由债务人（A公司和B集团）向第三人（C公司）履行债务的，债务人未向第三人履行债务或者履行债务不符合约定，应当向债权人（张甲）承担违约责任。在本案中，C公司不是合同当事人，而是双方约定的接受资金的第三人。当债务人A公司、B集团不向C公司履行债务时，应由张甲来向A公司和B集团主张继续履行的违约责任。

最终，一审和二审法院均支持了张甲的全部诉讼请求，案件代理终获完胜。

附一：一审判决中“本院认为”的部分内容

> 本院认为，《框架协议》系合同订立双方B集团、张甲的真实意思表示，未有证据证明违反法律、行政法规的强制性规定，应认定有效。首先，《框架协议》有B集团公章、B集团法定代表人签字、B集团实际控制人朱某在《退出申请》上的批示，《框架协议》是B集团、张甲就张甲退出A公司达成的合意，是B集团、张甲的真实意思表示。其次，《框架协议》的缔约双方B集团、张甲系A公司的唯二股东，根据《公司法》第37条关于公司对于股东以书面形式一致表示同意的

① 参见《最高人民法院关于适用〈中华人民共和国民法典〉时间效力的若干规定》（法释〔2020〕15号）中“一、一般规定”的相关规定。

事项，可以不召开股东会会议，直接作出决定，并由全体股东直接在决定文件上签名、盖章的规定，B集团、张甲一致签署上述协议应可认定股权转让已经全体股东一致同意，已达到召开股东会会议的效果。再次，以公司资产作为公司股权转让对价并不当然违反公司资本维持原则。根据A公司2012年度的企业法人年检报告书，A公司在2012年的净资产为90,852,961元。根据A公司某全资子公司2012年度的企业法人年检报告书，该公司2012年的净资产总额为209,954,309元。《框架协议》中划给张甲的大部分资产系C公司所有，即便不考虑A公司其他全资子公司净资产以及对外投资情况，上述两公司的净资产已经远超过A公司12,616.7万元的注册资本。故B集团虽以A公司资产作为其股权受让对价交付给张甲，因未有证据表明该些资产构成A公司注册资本，故对于该部分资产的处置不能直接等同于抽逃A公司的注册资本，违反资本维持原则。又次，依据《框架协议》的安排，张甲将其10%股权转让给B集团后，B集团作为A公司唯一股东，B集团同意将A公司资产作为其股权转让对价交付给张甲一方，亦可视为不违背A公司意志。最后，A公司以损害公司债权人的利益为由主张《框架协议》无效。经查明，《框架协议》订立后，虽有债权人向A公司提起诉讼主张债权，但未有证据表明债权人的权利未得以保障，B集团在未支出股权转让款的情况下向A公司债权人偿还了债务，故未有证据表明该协议已损害A公司债权人的利益。

附二：二审判决中“本院认为”的部分内容

本院认为，本案二审争议焦点之一是张甲与B集团签订的《框架协议》是否有效，综合分析如下：

张甲与B集团签订的《框架协议》合法有效。本案系A公司股东张甲将其持有的10%股权卖给已持有A公司90%股权的股东B集团，B集团以A公司及其子公司的相应资产作为股权转让款支付给张甲。

（1）有证据证实，《框架协议》的签订，是张甲和朱某反复磋商的结果，张甲向朱某提交《退出申请》并附退出条件，朱某同意张甲退出A公司的申请及所附条件，并要求B集团按此方案执行。张甲与B集团签订的《框架协议》符合朱某批示的内容。此后，双方按照上述协议陆续履行。可见，张甲与B集团签订的《框架协议》系A公司股东B集团与张甲就张甲退出A公司相关事宜达成的合意，反映的是双方真实意思表示，亦未违反法律和行政法规的强制性规定，且协议约定的内容又基本上已经实际履行。

（2）《框架协议》内容系涉案各方共同真实意思表示。《框架协议》形式上盖有B集团公章及其法定代表人的签字、张甲签名，该协议系落实B集团实际控制人朱某在张甲《退出申请》上批示的结果；依据《框架协议》的安排，张甲将其10%股权转让给A公司后，B集团为A公司唯一股东，B集团同意将A公司资产作为其股权转让对价交付给张甲一方，亦可视为不违背A公司意志；《框架协议》确认，A公司与张甲、张乙签订《C公司股权转让协议》，约定A公司将其持有100%C公司股权转让给张甲、张乙，并已经工商变更登记，这表明上述协议得到A公司和B集团的认可。

（3）签订《框架协议》的程序合法，也没有违反公司资本维持原则和侵害债权人利益。《框架协议》缔约双方B集团、张甲系A公司的100%股东，根据《公司法》第37条的规定，B集团、张甲协商一致签署上述协议应认定履行了《公司法》规定的相关法定程序，系程序合法。A公司在上述协议签订时的注册资本12,616.7万元，而根据企业法人年检报告书，仅A公司及其某全资子公司2012年的净资产就超过3亿元；A公司代理人认可当时A公司及其子公司等净资产超过15亿元；《框架协议》中支付给张甲的大部分资产系C公司所有，也并非A公司的注册资本，应认定属于《公司法》第166条规定的可用于分配的公司利润，对该部分公司资产的处置并不会减少A公司的注册资本，故涉案协议并不违反公司资本维持原则。《框架协议》订立后，虽有债权人向A公司提起诉讼主张债权，B集团在未支出股权转让款的情况下向A公司债权人偿还了债务，而涉案协议书签订至今已有8年，未有证据表明债权人的权利未得到保障，未有证据表明该协议已损害A公司债权人的利益，故上述协议亦没有损害公司债权人的利益。

（4）《框架协议》约定的内容大部分已经履行。张甲、张乙支付了1000万元的股权转让款，C公司股东由A公司工商登记变更为张乙90%、张甲10%；A公司亦分多次支付了协议约定的大部分现金对价，等等。

（5）关于股权转让对价的合理性。有证据证明，A公司财务由B集团掌管，而且B集团每年还要对A公司进行审计，所以，B集团清楚A公司10%股权的价值，这才有朱某“根据A公司现有的总资产及股权比例，同意按下列资产及现金划给张甲本人”的批示。同时，张甲在A公司10%的股权转让对价也很难以A公司实际价值来衡量，从朱某在张甲《退出申请》中的批示看，股权转让对价除了10% A公司股权的价值以外，还包含了张甲30多年对B集团及对A公司的贡献。

(6) A公司还认为案涉协议因为张甲与B集团恶意串通而无效，但A公司未提供相应证据，而且B集团恶意串通来损害自己利益，也与常理不符。综上分析，A公司和B集团主张《框架协议》无效的理由均不能成立，不予支持。原审认定《框架协议》合法有效，本院予以支持，协议各方均应遵照执行。

附三：两案对比报告（节选）

××市中级人民法院：

由贵院受理的A公司诉被告张甲、B集团、张乙、C公司合同纠纷一案，由我们担任被告张甲、张乙、C公司的诉讼代理人。

我们曾于2015年至2017年代理的傅建中、新洲集团有限公司（以下简称新洲公司）与林海文、黄伟合同纠纷案［以下简称参考案例，案号为：(2015) 浙民再终字第1号，该案经浙江省高级人民法院审判委员会讨论决定］,① 与本案的基本事实具有高度的相似性，对本案的法律适用具有重要的参考意义。故作此报告，供合议庭参考：

1. 本案案情简介

略②

① 后新洲公司向最高人民法院申请再审，傅建中也“策略性”地申请再审。最高人民法院作出（2017）最高法民申2747号民事裁定书，裁定终结审查新洲公司、傅建中的再审申请。

② 可详见本篇文章的第一部分“‘祸’起协议　诉诸法院”。

2. 参考案例案情及判决结果简介①

2003年3月，傅建中、林海文共同创立新洲公司，林海文和傅建中分别拥有新洲公司80%和20%的权益。2009年8月，林海文与傅建中签订《终止合作及权益分割协议》（以下简称《分割协议》），双方协商同意终止合作，并对新洲公司现有权益进行分割。根据《资产评估报告》以及双方的共同确认，彼时新洲公司的注册资本为3.3亿元，总权益约13.4亿元。

双方在《分割协议》中约定，傅建中将其名下的新洲公司的股份及权益转让给林海文，新洲公司将其持有的白猫股份（在2011年重组完成后更名为"浙报传媒"）41,943,851股作为对价转让给傅建中，由傅建中指定的人受让。2009年5月的《资产评估咨询报告书》显示，白猫股份41,943,851股的市场价值评估值为2.5亿元，2009年6月的《咨询报告复核意见书》显示，白猫股份41,943,851股的评估价值为2.3亿元。②

2009年9月，双方签订了《终止合作及权益分割协议之补充协议》（以下简称《分割补充协议》），就《分割协议》中的未尽事宜作出安排。《分割补充协议》约定，由于白猫股份的股改导致股份无法过户，由新洲公司代持傅建中所有的白猫股份的股票。

为了履行《分割协议》及《分割补充协议》，2010年12月，林海文、傅建中、新洲公司签订《补充协议（二）》，约定傅建中指定新洲

① 由于该参考案例的案情复杂，涉及股权转让、税务计算、股权质押等多个交易环节，其中傅建中与林海文双方的股权转让交易是与本案相关的参考内容，故将其他内容省略，此处不予介绍。

② 2.5亿元或2.3亿元分别占新洲公司总资产13.4亿元的18.7%或17.2%，与傅建中持有的新洲公司20%的权益大致相当。

公司将白猫股份的41,943,851股股票转让给浙江永恒实业有限公司。

后双方发生争议。2017年3月，浙江省高级人民法院对参考案例作出民事判决书，认定："除《补充协议（二）》中关于企业所得税和个人所得税计缴数额的约定内容之外，《分割协议》、《分割补充协议》及《补充协议（二）》的其余部分，均系双方真实意思表示，未违反法律、行政法规的强制性规定，应认定有效。"法院认定案涉协议有效的理由主要有以下三点：

"首先，上述协议系新洲公司股东傅建中与林海文就傅建中退出新洲公司相关事宜达成的合意，反映了双方的真实意思表示。虽然新洲公司未召开股东会审议批准上述协议，但新洲公司仅有傅建中、林海文两名股东，根据《公司法》第38条关于'公司对于股东以书面形式一致表示同意的事项，可不召开股东会会议，由全体股东直接在决定文件上签名、盖章'的规定，傅建中、林海文协商一致签署上述协议应认定已履行了法定程序。

"其次，上述协议既不违反资本维持原则，也不损害新洲公司债权人的利益。根据审理查明的事实，签订上述协议时，新洲公司经评估核减负债后的净资产约13.4亿元，注册资本3.3亿元。案涉股票并非公司注册资本，应认定属于《公司法》第167条规定的可用于分配的公司利润，对该部分公司资产的处置并不会减少新洲公司的注册资本……并无债权人主张权利，现亦无证据证明上述公司资产的处置行为损害了新洲公司债权人的利益。

"最后，上述协议也未违反法律行政法规的强制性规定。虽然《公司法》第3、4条对公司财产与责任承担以及股东权利作出了原则性规定，第20条也规定，公司股东滥用权利损害公司或其他债权人利益，应当依法承担相应责任，但上述规定均非《合同法》第52条第5项规定的效力性强制性规定；况且，根据上文分析，本案协议应认定为已经公司股东会决议批准，现亦无证据证明该协议对新洲公司造成了损失或损害了公司债权人利益。”

综合上述三点理由，浙江省高级人民法院判定：“据上，新洲公司关于上述协议因违反《公司法》第3、4条和第20条的规定而无效的主张，于法无据，原判不予支持，并无不当。”

3. 参考案例与本案的相同点

（1）相同点一：交易结构均为两位股东之间转让股权，并以公司资产作为支付对价。

在参考案例中，新洲公司只有傅建中和林海文两位股东。傅建中将拥有的新洲公司20%的权益转让给林海文，转让的对价是新洲公司持有的白猫股份41,943,851股。根据浙江省高级人民法院的观点，虽然《公司法》第3、4条对公司财产与责任承担以及股东权利作出了原则性规定，第20条也规定公司股东滥用权利损害公司或其他债权人利益，应当依法承担相应责任，但上述规定均非《公司法》第52条第5项规定的效力性强制性规定，不会当然导致合同无效。

本案中，案涉股权转让时，A公司也只有两个股东，即张甲和B集团，张甲将持有的A公司10%的股权转让给B集团。转让的对价是A公司的部分资产。

本案与参考案例中的对方当事人均认为案涉股权转让交易有违反《公司法》第3、20条，但其并非效力性强制性规定，违反上述规定不会导致本案中的《框架协议》无效。

（2）相同点二：均没有标的公司的股东会决议。

在参考案例和本案中，案涉股权的转让交易都未以召开股东会并作出股东会决议的方式进行，而是以公司仅有的两个股东签订股权转让协议的方式表示同意。

对此，浙江省高级人民法院认为："虽然新洲公司未召开股东会审议批准上述协议，但新洲公司仅有傅建中、林海文两名股东，根据《公司法》第38条关于'公司对于股东以书面形式一致表示同意的事项，可不召开股东会会议，由全体股东直接在决定文件上签名、盖章'的规定，傅建中、林海文协商一致签署上述协议应认定已履行了法定程序。"

因此，本案中B集团和张甲共同签订《框架协议》的行为同样可以被认定是已经履行了法定程序。

（3）相同点三：若股权转让交易完成，公司资产不会少于注册资本，且不会损害债权人利益。

在参考案例中，新洲公司的净资产约为13.4亿元，即使将价值约2.5亿元的41,943,851股白猫股份转给傅建中，新洲公司资产仍有约10.9亿元，远大于其注册资本3.3亿元。浙江省高级人民法院指出："上述协议并不违反资本维持原则，也不损害新洲公司债权人的利益……案涉股票并非公司注册资本，应认定属于《公司法》第167条规定的可用于分配的公司利润，对该部分公司资产的处置并不会减少新洲公司的注册资本……并无债权人主张权利，现亦无证据证明上述公司资产的处置行为损害了新洲公司债权人的利益。"

本案中，《框架协议》签订时，A公司及其下属公司的总资产约为52.6亿元，净资产约为15.86亿元。即使将《框架协议》中约定的约4亿元资产转让给张甲，A公司的剩余资产也远大于其注册资本1.26亿元。因此案涉交易不会减少A公司的注册资本。且A公司没有证据证明案涉交易实际影响了其债权人的利益，故A公司的该项理由不能成立。

4. 总结

本案与参考案例所涉股权交易结构基本相同，相关交易要素之间具有一一对应关系：

要素名称	本案	参考案例
股权转出方	张甲	傅建中
股权受让方	B集团	林海文
转让的股权	A公司10%的股权	新洲公司20%的股权
股权转让的对价	A公司的部分资产，即（1）1261.67万元股权转让金；（2）A公司持有的C公司100%股权权益；（3）A公司另向C公司无偿提供的6000万元。	新洲公司的部分资产，即41,943,851股白猫股份。

另根据前文的分析，可得出以下结论：

（1）参考案例与本案的股权交易结构都是股东之间转让股权；

（2）股权转让的对价为公司部分资产；

（3）两案案涉股权转让事宜都未经股东会的决议；

（4）股权转让完成后都不会减损公司的注册资本；

（5）股权转让完成后均不会损害公司、股东或债权人的利益；

（6）转出的股权与转让对价的价值基本一致。

综上所述，本案与参考案例是我们代理的具有极高相似度的两起案件，恳请合议庭在查明本案事实的基础上，参照参考案例的法律适用。

办案启示

律师代理案件，在接受了当事人的委托之后，首先应梳理本案的事实，并为在法庭上证明事实准备各种证据，然后就要从现行法律、法规中找到本案应当适用的法律规范，建议审理本案的法官采用这一法律规范，作为裁判本案的裁判基准。此项法律规范，理论上称为“请求权基础”。

但在笔者代理本案的过程中，发觉原告对“请求权基础”的概念不明。原告在起诉状中罗列了《合同法》第52条第2项，第58条、第59条以及《公司法》第3条、第148条第4项、第175条、第176条、第177条等8条法律规定，但未给出适用这8条规定的具体理由，导致笔者在答辩和收集反驳证据时无所适从。就算原告欲以省略理由的诉状写作方式隐藏其诉讼“火力”，但在庭审时，主审法官和笔者均请原告明确其请求权基础，原告依然语焉不详，答非所问。笔者只得凭自己对原告诉讼请求所依据的请求权基础的“理解”进行答辩。

须知，请求权基础是法官审理民商事案件的基本依据，为案件审理的法律分析过程界定基本框架。确定请求权基础，是展开司法推理的基本前提，因为请求权基础是司法逻辑三段论的大前提。没有请求权基础，就等于逻辑三段论没有了大前提；请求权基础选择错了，就等于逻辑三段论的大前提错了。如此，司法裁判活动是无法正确完成的。只有明确了请求权基础，才能识别出该请求权基础的构成要件，并以此为基础解决一系列审理中涉及的重要问题，并开始相应的法庭事实调查，最终作出裁判。正确选择法律是法官和律师的共同职责，基于维护法律正确实施的职能，律师要为法官确定正确的请求权基础提供有力的协助。

认罪认罚制度背景下某无罪辩护案纪实

王　楠[1]　茅　莹[2]

[1] 王楠，高级合伙人，法学硕士。

[2] 茅莹，律师，法学硕士。

一个无罪判决的诞生仅有律师的无罪辩护是远远不够的，还需要当事人及其家属的不懈坚持，以及司法人员的准确判断与敢于担当。可惜，这三项在实践中都难能可贵，但凡缺少一项，无罪判决就很难实现。

2020 年 9 月 29 日晚上，茅莹律师正在事务所加班，突然一阵急促的铃声响起，是指导老师王楠律师的电话，电话那头说有一对母子正从 H 市连夜赶来，让茅莹律师先接待，她随后就到。接到电话后，茅律师感到了一丝紧迫感，因为国庆节马上就要来临，如果当事人在这个时候被公安机关带走接受调查，律师可能无法及时会见，对于辩护工作的开展十分不利。

怀着忐忑的心情，茅律师接待了这对母子。年长的女性家属表现得非常着急，说昨天晚上全家人正在睡觉，睡梦中听到公安机关在外敲门，丈夫潘某某穿着睡衣下楼开门，结果就被公安机关带走了。今天打听了一天，也不知道潘某某是因为什么事情被带走的，现在全家人急得像热锅上的蚂蚁，听朋友说金道所的王楠律师专业能力强，马上就驱车赶来杭州寻求帮助。此时，王律师也赶到了接待室，开始详细了解案件的具体情况和外围信息。就这样，一起 10 年前的煤矿买卖纠纷逐渐浮出水面，一场为期 1 年半的营救即将拉开帷幕……

一、强制措施轮换使用　当事人始终坚持如一

接受委托的第二天就是 9 月 30 日，国庆假期前的最后一天。为了第一时间会见当事人、了解案件的基本情况，一大早王律师就驱车前往看守

所，想要赶在放假前会见潘某某。一是为了安抚当事人及其家属的情绪，二是为了对当事人进行必要的辅导，避免其因为紧张作出失实供述，将自己陷入不利境地。然而，王律师赶到看守所后得知，本案因涉黑涉恶，律师需要先向当地司法局报备才能介入案件，同时因为疫情，当事人要在核酸检测结果出来以后才能入看守所，估计要到30日晚上。尽管在看守所、司法局、公安局之间来回奔波，放假前会见当事人的目标也未能实现，王律师只好无功而返。

节后第一个工作日，王律师就去看守所会见了当事人潘某某。据潘某某介绍，本案源于10年前的一起煤矿买卖：2011年，他与苏某庆、刘某龙一起购买一处石矿，他们将钱凑齐打给卖家后，卖家反悔，石矿没有买成，卖家赔偿了他们违约金，潘某某分得98万元。之前，参与买矿的刘某龙作为黑社会性质组织的领导者已被公安机关立案侦查，刘某龙、潘某某及苏某庆均涉嫌敲诈勒索罪。会见过程中，潘某某一直坚持自己是无罪的，他确信自己没有实施敲诈勒索行为，也不知道刘某龙等人何时实施了敲诈勒索行为。潘某某坚定的态度引起了王律师的重视，如果潘某某所说属实，那么本案极有可能是一起无罪案件。

会见结束后，王律师立即前往案件的侦查机关C县公安局了解情况，得到的答复是潘某某涉嫌一起金额高达700多万元的敲诈勒索案，但他目前没有老实交代。显然，公安机关的看法和潘某某的陈述大相径庭。即便如此，王律师还是在刑事拘留期限临近届满时向公安机关提交了取保候审申请书，根据潘某某的辩解阐明了其不构成敲诈勒索罪的理由。直到潘某某被刑事拘留第30天的下午，潘某某的家属和律师都没有等到取保候审的消息，却得知潘某某被转为指定居所监视居住了。

听到这一消息，王律师的第一反应是公安机关违法采取监视居住，因为潘某某就是H市当地人，一直在H市生活、工作，有固定住所，且涉嫌的是敲诈勒索罪，不符合《刑事诉讼法》关于指定居所监视居住的规定条件。公安机关对潘某某变更为这一强制措施，很大程度上是为了以变相羁押的手段取得潘某某的口供。想到这一点，王律师立即向检察院提出申请，请求依法对潘某某被采取指定居所监视居住措施进行合法性监督，同时向公安机关提出会见申请，避免潘某某在高压之下作出不实的供述。

经过一系列沟通和申请，王律师得知不仅潘某某的强制措施作了变更，本案的侦查机关也作了变更，由原来的C县公安局改为同为H市辖区的N区公安分局。检察机关对律师的回复是：因潘某某在N区范围内没有住所，所以要采取指定居所监视居住的强制措施。与此同时，律师了解到同案的另外3名嫌疑人也被指定居所监视居住。

沟通无果后，律师只能尽力维护潘某某在被监视居住期间的合法权益。王律师先后针对潘某某在监视居住期间的饮食、作息时间保障、长时间佩戴械具等问题向公安机关提出意见，并向检察机关提出监督申请。其间，公安机关无故深夜传唤潘某某的儿子，王律师在第二天便向检察院提出异议，为日后的非法证据排除做好准备。

即使经历了长达2个月的监视居住，潘某某也并没有放弃，仍然坚持无罪的供述，这让王律师更加确信潘某某的陈述，静待案件移送审查起诉后以案卷揭晓谜底。

二、在案证据纵横比对　强化无罪辩护决心

案件进入检察机关审查起诉阶段后，王律师开始潜心研究案卷。本案是一起发生在10年前的案件，涉及的罪名是敲诈勒索罪。根据在案证据可以还原出这样的事实框架：2011年，苏某庆、潘某某得知C县某石矿正在

出售，遂通过刘某龙联系到石矿的小股东彭某贵，希望彭某贵帮助他们说服大股东莫某根将石矿卖给他们；莫某根和潘某某一方见面后，表示其已经收了当地人陈某某的定金并签订了协议，答应将石矿卖给他；苏某庆提出如果莫某根愿意卖，他们愿意承担莫某根要付给陈某某的违约金，并以高出陈某某几百万元的价格购买；莫某根听后出于自己利益最大化予以答应，并提出双方不签协议，只要苏某庆一方在当周的周五将5600万元买矿款打给莫某根即算成交；之后苏某庆、潘某某多方筹措资金，在约定时间前将5600万元打到了小股东彭某贵账户内，其中，潘某某出资40%，苏某庆出资60%。但就在打款的第二天，莫某根却因当地政府干预反悔；苏某庆、潘某某、刘某龙等参与买矿的人便一起商议后续处理，商议后苏某庆提议让刘某龙和潘某某去和莫某根面谈，大体意思是莫某根能同意卖矿最好，如不同意莫某根要赔偿违约金；之后，在约定的见面地点C县某宾馆房间内，刘某龙带小弟对莫某根进行了威胁，并提出让莫某根赔偿730万元，两日后莫某根向彭某贵账户打款730万元，彭某贵自留100万元后将剩余款项打给刘某龙，刘某龙根据苏某庆指示，打给潘某某98万元。

王律师阅卷后发现案件的两个焦点问题：第一，潘某某是否在案发第一现场——C县某宾馆房间。第二，刘某龙去和莫某根谈判前，苏某庆和潘某某等人是否就刘某龙采取威胁手段达成共识。如有，则即使潘某某没有去现场，也构成敲诈勒索罪的共犯。

通过对言词证据的审查，律师发现本案存在一个明显的问题，即事情发生在10年前，距今已经过去了很久，各被告人的记忆均已出现偏差，导致对案件事实的描述存在出入。尤其是对潘某某是否出现在刘某龙索要违约金的宾馆现场这一供述，各被告人要么没有提及，要么使用了“好像”“可能”等大量描述性词汇，使潘某某是否在场具有不确定性。针对这一重要情况，律师撰写了详细的律师意见书进行分析阐述，得出在案证据不能证明潘某某在案发现场的结论。

同时，提前介入案件的承办检察官可能也意识到潘某某涉嫌犯罪证据不足，遂在案件刚进入审查起诉阶段时就提出如果潘某某认罪认罚，可以对其提出缓刑的量刑建议。但在审查起诉时限即将终结时，形势又发生了重大变化，因刘某龙作为黑社会性质组织的领导者已经被法院定罪判刑，且与本案敲诈勒索相关的犯罪事实被量刑 13 年，因此“上级意见”认为不宜对潘某某适用缓刑，量刑建议陡增至 3 年有期徒刑。有鉴于此，在征求潘某某和家属的意见后，王律师回复检察官：辩方坚持无罪辩护，辩方和潘某某都不同意认罪认罚。

三、意外获取不在场证据　认罪认罚再次提起

2021 年 3 月，潘某某涉嫌敲诈勒索案被起诉到了 N 区人民法院。在起诉书中，公诉机关依旧指控潘某某与刘某龙一同前往了 C 县某宾馆房间，看到刘某龙等人通过殴打、言语威胁等手段逼迫莫某根同意支付 730 万元赔偿金。至此，控辩双方观点相左，针锋相对。

案件开庭前，王律师多次与法官沟通，提交书面意见，将案件存在的问题向法官充分阐述。也许是法官看到了关于潘某某是否在案发现场事关罪与非罪，为了查明案件事实，法院要求检察机关督促公安机关采取技术手段获取潘某某等人在案发当天的位置信息。

由于各被告人对本案发生的具体时间均表示记不清了，只记得是付款时间是星期五，过了几天莫某根表示反悔不卖矿了，苏某庆和刘某龙商量后决定向莫某根索要损失费，之后刘某龙就去 C 县某宾馆与莫某根面谈。据此，承办法官根据各被告人的银行流水，确定打款时间是 2011 年 5 月

27 日，再与日历进行了对比，正好是周五！而莫某根转出 730 万元赔偿款的时间是 2011 年 5 月 30 日，由此可以推断刘某龙去找莫某根谈判的时间是 5 月 28 日或者 5 月 29 日。于是，法官请公安机关运用技术侦查手段查询了潘某某等人在案发时间的定位。

得知法官着手查询潘某某案发时的位置信息，律师内心也较为忐忑，原因在于潘某某当时经营的煤矿企业就在 C 县某宾馆附近，即使潘某某没有去 C 县某宾馆，他的基站信息也可能出现在该宾馆附近。倘若真是如此，那真是百口莫辩！经过焦急的等待，查询结果终于出来了——潘某某案发当天不在 C 县！得知这一信息后，王律师和潘某某都万分激动，一直以来的坚持终于得到了客观证据的印证，无罪辩护迎来了曙光，王律师随即向法院提出对潘某某的强制措施变更为取保候审的申请。

然而，经过一段时间的等待，取保候审申请石沉大海，却等来了检察机关的认罪认罚邀约——检方认为即使潘某某未到过犯罪现场，但因为其参与了谈判前的商议过程，仍然构成敲诈勒索罪的共犯。其逻辑是：潘某某明知刘某龙是混社会的人员，刘某龙去和对方谈判极有可能采取暴力威胁手段，但仍放任刘某龙去，最终刘某龙确实使用暴力威胁手段逼迫莫某根赔偿 730 万元，故潘某某等人对刘某龙的敲诈勒索行为持放任的主观故意，应构成共犯。

虽然律师完全不认同检察机关的定罪逻辑，但此时检、法均向当事人及其家属抛出了认罪认罚的橄榄枝——有期徒刑 2 年。当时，潘某某已经被羁押了 1 年，从 3 年到 2 年的量刑建议调整是基于潘某某不在案发现场这一客观事实的让步，但律师坚持认为这样的让步是不够的，本案应当依法撤回起诉或是作出无罪判决，因为这是一个彻头彻尾的无罪案件！

在刑事案件中，律师是向导，负责分析各条路线的利弊，并给出自己的建议，但是最终的决定权仍在于当事人本人。虽然潘某某一路坚持无罪辩解，但面对已经被羁押1年有余的残酷现实，他也深感无力，遂提出了能够回家过年的刑期要求——1年3个月，如果检、法同意，潘某某就愿意签署认罪认罚具结书。

在律师看来，潘某某的要求是合情合理的，虽然他变更了追求客观事实的初衷，但至少是尽快结束这一灾难对自己和家人影响的有效手段。所以律师尊重他的决定，无奈检察机关认为1年3个月刑期太短，拒绝了这一要求。

四、审前言词证据全部排除
庭审无罪辩护一气呵成

由于控辩双方无法达成认罪认罚协议，法院只能择期开庭。开庭前，为了增加庭审力量，潘某某的家属在王律师的建议下增加金道所的首席合伙人胡祥甫律师为潘某某辩护。两位律师经过精心研究，依据审判阶段新出现的客观性证据——潘某某案发当天的位置信息申请法庭排除在案的所有指认潘某某案发当天在C县宾馆房间的证据。这样一来，刘某龙、苏某庆的供述、被害人的陈述均被排除，检察机关面临缺乏证据证明指控事实的尴尬局面。

开庭前，检察机关讯问了同案犯苏某庆，询问了证人胡某，并分别制作笔录，这两份笔录成为检察机关指控潘某某构成敲诈勒索罪的主要证据。检察机关制作的笔录主要为了证明潘某某参与了双方谈判前己方的商议经过，而被取证的同案被告人和证人均在尊重客观事实的情况下说明商议的结果只是让刘某龙和对方谈判，并未涉及和被害人谈判的手段方法。这两份证据辩方律师认为并不能证明指控事实，控方以此指控潘某某构成

敲诈勒索罪无法达到刑事诉讼事实清楚、证据确实充分的证明标准。

庭审终于在2021年年末到来，庭审中的公诉人仍旧坚持潘某某具有敲诈勒索放任故意的逻辑，认为潘某某即使没有在敲诈勒索的现场，但因其参与了事前商议，对刘某龙可能会采取威胁暴力手段具有放任故意，所以仍然构成敲诈勒索罪。胡律师和王律师则围绕证据、事实和法律适用三个部分对案件进行了深入剖析：

证据方面，辩护人认为，公安机关在侦查阶段为苏某庆、刘某龙、彭某贵、莫某根所作的绝大部分笔录被推翻，这就意味着公安机关据以拘留、监视居住、逮捕潘某某的依据被推翻，还意味着公安机关的起诉意见书内容被推翻，公诉机关对潘某某的指控成了无源之水、无本之木，虽然公诉机关自行补充了两份笔录，但这两份笔录根本无法证明潘某某参与了敲诈勒索犯罪的共谋，也就无法证明其构成共同犯罪。

事实方面，辩护人将案件事实分为四个阶段：第一阶段，莫某根卖矿中违约，潘某某一方主张对方的违约责任，具有事实和法律依据；第二阶段，商议环节，现有证据不能证明潘某某参与了商议环节，且商议环节本身不具有犯罪属性；第三阶段，敲诈勒索实施阶段，因潘某某不在案发现场，也没有人事后向他讲述这一过程，所以他无从知晓刘某龙采取了犯罪手段索要违约金，刘某龙的敲诈勒索行为和潘某某无关；第四阶段，分配违约金阶段，潘某某没有参与款项分配的商议过程，且从分配金额看，潘某某分得的金额与其出资比例严重不符，说明潘某某对钱款分配没有话语权。

法律适用方面，辩护人认为，在缺乏共谋的前提下，未阻止刘某龙去和莫某根谈判不能等同于放任的主观故意，共同犯罪成立的前提条件必须是行为人之间对实施犯罪形成了共谋，而本案中显然没有证据证明各被告人之间就敲诈勒索犯罪形成了共谋。

整个庭审过程中，公诉人牵强的指控逻辑和单薄的证据与辩方充足的辩护理由和论证经过形成了鲜明对比。庭审后，潘某某的亲友纷纷表示律师终于帮潘某某洗清了冤屈，还了他一个清白。

五、最后关头家属退让　无罪辩护终成无奈妥协

精彩的庭审过后，日子似乎又恢复了平静，律师和家属陷入了焦急的等待之中。一天，王律师接到了检察官的电话，询问潘某某是否能接受 1 年 9 个月的量刑建议。由于潘某某及其家属仍然坚持能够回家过年的刑期，再一次提起的认罪认罚仍旧无果。

日子一天天过去，在隆冬时节，终于等来了法官的宣判时间通知。就在这时，事情又一次发生了戏剧性变化：宣判的前一天，潘某某的妻子打电话向王律师哭诉，她说当地传出了法院将对潘某某判处 3 年有期徒刑的说法，她不敢相信，但又无力承受，她想要说服潘某某认罪认罚。王律师听到她的话内心百味杂陈，但无论如何，律师是为当事人服务的。即使律师认为当事人无罪，若当事人选择了妥协，律师也只能在讲清利害关系后尊重当事人的决定。

最终，无罪辩护成为无奈妥协。王律师在开庭前联系法官表达了潘某某家属希望潘某某认罪认罚的意思，法官临时决定取消开庭，由检察官和辩护律师去会见潘某某，确定认罪认罚事项。最后的关头，律师和检察官再次深入协商，最终达成了 1 年 7 个月的量刑合意，在 2021 年的年尾，持续 1 年多的无罪辩护案件在法官法槌敲下的那一刻落下了帷幕。

六、尾　声

2022 年的春节，潘某某的妻子没有等到潘某某回家过年。年后，王律师和潘某某的家属联系，她告诉王律师案子没判时她好像有个盼头，想尽一切办法努力向心中的目标迈进，日子也过得快，但案子判了以后她却迟迟走不出阴影，终日夜不能寐。王律师隐隐感到她可能陷入了精神困境，劝导她向前看，丰富自己的生活，静待潘某某回家。

放下电话，王律师想起了那句话：时代的一粒尘落在一个人身上就是一座山。一个人在经历刑事案件后，注定会在心里留下深深的烙印，影响他们的一生，所以，办理刑事案件就是办理“别人的人生”。我们希望以此案的经历再次与法律职业共同体共勉。

办案启示

虽然每个刑事案件的案情各有不同，但是总体来说，刑事辩护可以从政策之辩、事实之辩、证据之辩、情节之辩四个方面入手。

本案是扫黑除恶专项斗争背景之下的一起刑事案件，首先，在政策之辩上，我方当事人处于劣势地位，辩护工作的开展也面临着诸多现实阻碍，因此作为辩护人，要及时和当事人及其家属沟通，做好“打持久战、打硬仗”的心理准备，同时要对可能发生的案外因素提前预判、随机应变。

其次，在事实之辩上，辩护工作要立足于案卷，针对当事人的辩解，既要在案卷中找寻对当事人有利的证据，也要关注对当事人不利的证据，之后对证据尤其是言词证据反复推敲，在横向和纵向多个维度进行交叉比对，以寻求突破口。

再次，在证据之辩上，对涉黑涉恶的刑事案件尤其要注意证据的合法性。如存在非法证据或违法羁押的情况，辩护人需第一时间向司法机关提出，申请非法证据排除。同时，对于可能有利于当事人的证据，辩护人也要大胆地向司法机关申请调取相关证据，多管齐下。

最后，在情节之辩上，虽然本案中辩护人一直坚持无罪辩护，但是当当事人及其家属最终选择认罪认罚，无罪辩护无奈妥协后，还是要及时转换思路，就罪轻情节展开辩护，最大限度地为当事人争取较低的刑期，维护当事人的合法权益。

大案细办，2 亿元国企债追偿之路

——一起以受托管理人名义提起的债券交易纠纷案件纪实

陆媛婷[1]　陈鉴杰[2]

[1] 陆媛婷，律师，法学硕士。

[2] 陈鉴杰，律师，法学学士，研究生在读。

自2018年资产管理新规出台，打破“刚性兑付”[1] 后，我国债券市场违约事件频发。违约发行人从中小型企业扩展到大型民营企业和上市公司，甚至出现国企债券违约事件，本文中所提及的案件正是一起标的额逾2亿元的国企债券违约案件。

一、案情简介

2016年10月，A集团2016年公司债券（第1期）（以下简称本期债券）在上海证券交易所挂牌交易，债券发行规模2亿元。2020年7月，A集团发布《关于公司未能按时兑付××债券利息及回售本金的公告》，表示由于现金流短缺以及筹融资渠道受限等原因，无法按时偿付本期债券利息1580万元及回售本金2亿元。

B证券公司系A集团聘请的债券受托管理人，本所受B证券公司委托，指派律师代理B证券公司代表全体债券持有人对本期债券发行人及其他担保主体提请仲裁案件。

代理律师仔细核查案件相关的证据材料后发现，本案虽然在“欠债还钱”的事实和责任认定上难度不大，但是标的额较大、案涉主体较多，想要最终获得有利的仲裁结果，须在申请人主体资格、仲裁的管辖、担保人是否承担担保责任及担保的具体范围等诸多细节问题上妥善处理。

---

① “刚性兑付”一般多出现在信托产品的理财上，是一种承诺到期将本金和利息一并给用户的兜底式理财产品。比如，我们在银行购买理财产品中的“保本保息”，或者“零风险”都属于刚性的兑付。

本案代理律师由此开始了一条协助当事人针对 2 亿元国企债的追偿之路。

二、受托管理人主张权利

对于债券违约后，债券受托管理人能否作为公司债券交易纠纷案件的当事人以自己名义代表债券持有人主张权利，之前并无法律法规明确规定，一直是通过已有生效司法判决对受托管理人的“诉权”进行确认。2020 年 7 月，最高人民法院印发的《全国法院审理债券纠纷案件座谈会纪要》对债券受托管理人的诉讼主体资格进行了确认，即债券发行人不能如约偿付债券本息或者出现债券募集文件约定的违约情形时，受托管理人根据债券募集文件、债券受托管理协议的约定或者债券持有人会议决议的授权，以自己的名义代表债券持有人提起、参加民事诉讼，或者申请发行人破产重整、破产清算，人民法院应当依法予以受理。

虽然最高人民法院对债券受托管理人的“诉权”进行了明确，但本案《债券受托管理协议》《债券募集说明书》中约定的管辖均为向杭州仲裁委员会提请仲裁，仲裁委员会能否直接参照适用最高人民法院的观点成为摆在代理人面前的第一个难题。在代理律师与杭州仲裁委员会多次沟通后，杭州仲裁委员会最终予以受理，具体理由如下：

第一，本案系因公司债券利息给付及本金兑付引发的公司债券交易纠纷，请求权基于《债券募集说明书》等合同的约定。在案涉《债券募集说明书》中，不但约定了受托管理人有权以自己名义代表债券持有人主张权利，包括但不限于与发行人、征信机构、承销机构及其他责任主体进行谈判，提起民事诉讼或申请仲裁，参与重组或者破产的法律程序等；还约定了受托管理人有权代表债券持有人要求发行人履行债务或保证人履行保证责任。因此，受托管理人代表债券持有人主张权利有明确的合同依据。

第二，B 证券公司于 2020 年 9 月主持召开 × × 债券 2020 年第一次债券持有人会议，会议经审议通过《关于授权受托管理人向发行人采取法律措施并由债券持有人承担全部费用的议案》。该议案确定受托管理人（B 证券公司）有权代表全体债券持有人与本期债券发行人及其他主体进行清偿谈判，对本期债券发行人及其他主体提起包括但不限于财产保全、诉讼、仲裁等形式的法律行动或法律程序，依法对相关资产进行保全和处置等。因此，受托管理人代表债券持有人主张权利亦有明确的授权。

三、举证有章法

本案证据类目繁杂，涉及较多的债券公告文件，本案律师抽丝剥茧，按照待证事实的需要，对证据材料进行了分类，并按组别进行归集和编码，使证据材料更为清晰明了，也最大限度地避免了证据材料遗漏。

四、补缺挂漏

经过代理律师的认真梳理和分析，本案事实部分逐步明晰，案件的管辖难点和双方的争议焦点均源于发行文本本身的瑕疵。具体如下：

约定管辖瑕疵。依据案涉《债券受托管理协议》《债券募集说明书》的约定，本案由杭州仲裁委员会（以下简称杭州仲裁委）管辖。但是，由 C 公司出具的不可撤销担保函中约定提交上海国际经济贸易仲裁委员会（上海国际仲裁中心）进行仲裁，D、E 公司出具的担保函中约定由 × × 银行（债券持有人）所在地人民法院管辖。由于对管辖的约定并不一致，如果各方主体各执己见，本案纠纷很有可能将由三家仲裁委/法院受理，不仅费时费力，更是对司法资源的极大浪费。代理律师经梳理发现，C、D、E 公司均是 A 集团的关联公司，对于他们来说，参与三次庭审、承担三笔仲裁费/诉讼费也是对精力、财力的浪费，便积极组织多方协调，最终 C、D、E 公司同意出具说明函，将争议统一提交杭州仲裁委仲裁，一案解决。

担保材料的瑕疵。本案中除了 C 公司出具的不可撤销担保函外，D、E 公司分别出具了担保函，但在接受 D、E 公司的担保函时，本案债券持有人并未要求两公司提供相应的内部决策文件（股东会决议等），导致 D、E 公司的担保效力上存在一定瑕疵。为了更好地应对 D、E 公司可能据此提出的抗辩，本案代理律师从两个方面进行了准备：第一，通过对担保人 C 公司的年报查询，本案中 D、E 公司系担保人 C 公司的控股子公司，于是援引《全国法院民商事审判工作会议纪要》第 19 条第 4 项的规定，即担保合同系由单独或者共同持有公司 2/3 以上有表决权的股东签字同意的情形的，即便债权人知道或者应当知道没有公司机关决议，也应当认定担保合同符合公司的真实意思表示，本案中 D、E 两子公司都是担保人 C 公司实际具有 100% 控制权的关联公司，C 公司就相同债务出具的担保函，符合 2/3 以上股东实质性认可的条件。第二，本案所涉债券发行适用《证券法》及《公司债券发行与交易管理办法》的信息披露要求，在《证券时报》和上海证券交易所网站进行公告。债券持有人根据公开披露的担保信息购买的债券，除非其虚假陈述或抗辩，否则不得对抗持有人的善意。最终，杭州仲裁委也接受了本案代理律师的观点，在裁决中认定了担保人 D、E 公司的担保效力。

条款约定瑕疵。本案四位被申请人对于债券本金、债券利息、逾期利息的金额均没有异议，争议焦点主要在于三位担保人是否承担逾期利息。

出现该争议的主要原因在于条款约定不明确。C公司出具的不可撤销担保函第5条约定，本担保函所担保的范围为公司债券持有人因持有本次发行的公司债券而对发行人享有对债券本金、利息、违约金、损害赔偿金、实现债权的费用；D、E公司分别出具的担保函亦约定，本担保函承担的担保方式为连带责任保证，担保范围包括但不限于上述债券本金及利息、罚息、违约金、损害赔偿金、保管费等和实现债权与担保权利所发生的费用。由此可见，三份担保函中均未明确约定担保范围包括逾期利息，因此，三担保人主张违约金不等于逾期利息。

五、案件结果

2021年5月，本案代理律师收到了本案的仲裁裁决书，杭州仲裁委支持了申请人全部仲裁请求，成功维护了债券持有人的权益。

办案启示

本案仲裁裁决最终支持了申请人的仲裁请求，但我们仍应从中汲取经验教训。如果我们作为债券发行的法律服务律师，需要注意《债券受托管理协议》《债券募集说明书》与担保函内容的一致性，包括在提供其他非诉法律服务时，应当做到最基本的文本内容的统一。

五国六法域律师通力合作，15 天完成“不可能的任务”

——某集团 NRA 5 亿美元外币融资项目办案纪实

崔海燕[1]　陆　原[2]　于振芳[3]　周　弘[4]　严媛琦[5]

[1] 崔海燕，管理合伙人，法学硕士。

[2] 陆原，权益合伙人，法学学士，工商管理硕士。

[3] 于振芳，律师，法学本科学历。

[4] 周弘，律师，法学硕士。

[5] 严媛琦，律师助理，法学硕士。

近年来，随着中国（浙江）自由贸易试验区的设立和扩展，越来越多的浙江企业选择通过境外机构境内外汇账户（NON – RESIDENT ACCOUNT，NRA）贷款的方式获取外币资金，践行“走出去”战略，积极参与国际合作与竞争，为“一带一路”建设做贡献。在金融与跨境投资贸易领域均有成功案例的金道律师也躬逢其盛，用一个个成功案例助力浙江企业。

本次交易中，金道律师克服重重困难，在项目承揽竞争中艰难突围，面对疫情和圣诞假期的不确定因素协调境外律师通力合作，最后在限定期限内提交了客户所需的六个法域的法律意见书，完成了交易结构论证以及关键文本的审核、谈判和修订，助力项目顺利落地，获得客户认可。

一、高效应答　突出“重围”

2021 年 12 月初，陆原律师接到某金融机构业务人员来电咨询，就独立保函的法律适用问题进行了交流探讨。在通话结束后，陆原律师根据该金融机构的咨询问题，当天起草了一份书面的咨询备忘录，就讨论的核心法律问题进行了梳理，并提供了修改建议和理由。金融机构收到该份备忘录后不仅表达了感谢，而且向金道律师发出了承办业务的磋商邀请，一同被邀请磋商的律所还有美国及中国顶尖的几家律师事务所。在接到邀请资料后，因本案涉及境内外事务，任务重、时间紧，金道律师根据项目需求快速组建了以国际商事法律专家崔海燕律师为负责人的律师团队，团队成员还包括陆原律师、于振芳律师、周弘律师和严媛琦律师助理。资料显示，本项目涉及中国内地和香港特别行政区、新加坡、荷兰、英属维尔京群岛、瑞典等五国六法域的法律事务，计划在 2021 年 12 月 28 日前落地实施。因该项目办理时间与圣诞假期重合，境外的工作需要在圣诞节之前完成。根据上述项目特点，律师团队在内部进行了分工，即崔海燕律师负责联络、协调境外律所的利益冲突检索及报价，陆原律师负责境内机构的协调及服务方案的起草，于振芳律师负责相关资料的收集工作。经过快速对接协调，律师团队向客户提供了一整套完善的法律服务方案。经过激烈的竞争，律师团队最终脱颖而出，成功竞聘为本项目法律服务提供商，正式开始为本项目提供服务。

二、夜以继日　挑战极限

2021 年 12 月 15 日，客户最终确定由金道律师为主，统筹安排五国六法域的多家律师事务所作为联合体为本项目提供法律服务。金道律师正式接受委托时，距离工作计划的时间节点仅 2 周，任务繁重，时间紧迫。在短时间内，律师团队至少需要与境外律师合作完成以下工作：

（1）完成五国六法域项下的主体查册；

（2）交易结构的论证；

（3）交易文本的审核、谈判和修订；

（4）交易有效性的保障措施；

（5）中外法律意见书的起草、反馈、整合工作。

针对以上工作内容，律师团队进行了分工。崔海燕律师负责统筹境外律师团队的工作，并将境外律师团队的专业意见反馈给客户，以便对本项目交易结构进行论证，并对文本进行针对性的修改；陆原律师与于振芳律师负责参与中国法项下的交易结构论证，交易文本的审核、谈判、修订以及法律意见书的撰写；周弘律师负责中英文交易文本的校对工作；严媛琦律师助理协助进行部分交易文件的翻译。陆原律师同时负责与客户的沟通与协调工作。每位律师在完成自己的工作后，还需要进一步交叉审核同事的工作成果，以避免出现差错。

虽然本次提供服务的团队律师们在金融及国际商事领域均有丰富的经验，但项目进程十分紧迫，律师团队面临重重挑战。时逢圣诞假期前夕，项目所涉的大部分境外律师即将休假，这对本不宽裕的项目工作时间而言更是“雪上加霜”。为了让境外律师能在1年中最重要假期仍能配合我们的工作，崔律师与境外律所合伙人密切沟通，提出本次交易的顺利推进将有利于双方建立长期合作关系，以此前景说服境外律师“特事特办”。并且因为该项目是跨境融资业务，境内外律师的工作存在时差，为追赶进度，律师团队的成员必须时刻守在电脑前接收最新的邮件并反馈意见，同时需要在第一时间提出相应方案以获得客户的认可。整个律师团队可谓分秒必争，全力以赴。一方面，境外律师对出具法律意见书的文件提出严格的要求；另一方面，国内的法律事务也是纷繁复杂。此外，交易双方对于合同条款的谈判亦陷入僵局，鉴于交易双方均聘请了一流的律师团队，律师们逐字逐句对已经相对成熟的交易文件提出了进一步的修改意见。本项目交易金额巨大，双方在谈判过程中均显得比较强势，谈判亦存在不少分歧，律师团队必须协助交易双方就分歧达成共识。时值疫情期间，各方都在各自的办公场所通过电话会议沟通，效率有限，电话会议往往持续六七个小时，但各方却难以达成共识。每天谈判的过程除了需要“斗智”，更需“斗体力”。往往在会议接近尾声时，在各方体力与毅力都濒临极限时，团队律师又就各方争执不下的合同条款，提出了第三种方案，而这第三种方案最终获得了各方认可，使文本谈判得以推进。最终，律师团队凭借专业精神和敬业态度，将各方据理力争的要求进行分解、重构，最终成功促成了各方意见的统一，项目得以顺利进入下一个阶段。在中文版本的交易文件定稿后，律师团队又紧锣密鼓地将中文版本翻译成英文版本供境外律师团队使用。

三、临危不乱　坚持底线

正当大家觉得项目正在往好的方向推进时，又出现了新的困难。在律师团队刚接触项目时，因保函开立银行与保函受益人均为同一家商业银行的不同境内分支机构，针对客户就独立保函适用的交易示范规则的咨询，律师团队曾经提出过具体意见：目前在独立保函领域并未形成经反复适用而得到普遍认可的统一国际惯例，UCP 600、URDG 758、ISP 98 作为交易示范规则均有一定的市场。根据 UCP 600，一家银行在不同国家的分支机构被视为不同的银行；根据 URDG 758，担保人在不同国家的分支机构视为不同的实体；根据 ISP 98，开证人的分支机构、代理机构，或其他办事处，如果是以开证人以外的身份作出或承诺作出备用证下的行为，则仅负有该身份下的义务，并应视为不同的人。据此，律师团队建议将独立保函适用的交易示范规则从 URDG 758 改为 ISP 98，以满足本次交易项下独立保函开立人和受益人的特殊要求。本项目的交易结构也正是基于律师团队的上述建议而得以被各方接受。

但在合同文本定稿准备签约时，发现其中一方交易主体的签约章竟然不能使用，只能由其上级机构签署相关交易文件。经过紧急磋商，各方同意将交易主体进行修改，但已经翻译、制作好的文件又需要重新翻译、审核。并且因为整个交易文件有多份，上百页，对于主体的约定散落在各交易文件及其附件中，修订、审核的工作量很大，待新的文件重新修订完成时，距离最后期限仅有 2 天。

当律师团队的成员刚松了一口气时，又出现了突发情况：另一方交易主体提供的担保文件存在问题。该方交易主体是一家大型跨国公司，股东、高管遍布全世界。要取得各位股东、高管的签字并不容易。因此在签署文件前，律师团队仔细核对了交易主体的章程和相关法域的法律要求，对议事规则、授权程序、签约主体等情况进行了反复确认，并依据各法域律师的意见，对担保文件的格式及内容进行了审核修订。然而，问题出在该交易主体的一位小股东并未签字，经询问，该方给出的理由是，其与其他交易对手的交易惯例如此，签署文件的大股东持股比例已经超过 2/3，小股东无须签字。此时，另一方交易对手有些犹豫，因为截止日期已经比较临近，大型跨国企业的签字流程确实相对复杂，于是他们向金道律师团队寻求帮助，希望我们能够将该情况进行论证，并尽量维持现状。2021 年正是《民法典》施行的第一年，对于担保的效力问题，法律、司法解释作出了比较明确的规定。对于担保方在对外担保时程序上存在瑕疵的情况，会给予担保人抗辩空间，如此将对接收担保文件的金融机构存在担保效力的不确定性。因本次交易金额高达几十亿元人民币，虽然律师团队的理念一直是为促进交易而尽一切努力，但是在存在担保程序不符合规定可能导致担保人不承担保证责任的情况下，效率优先和合法合规之间的矛盾对律师团队来说是一次极大的考验。一方面，我们考虑到交易双方都是知名企业，信用良好，实际产生风险的可能性很小，且担保人的大股东确实已经同意提供担保，从决议实质角度看应当是有效的。另一方面，在决议程序合规上，亦存在小股东抗辩的可能性和不利的司法案例。这种可能性在极端情况下可能会导致本次交易的巨大风险。最终经慎重权衡，我们还是认为合法合规要求应当优先，坚持要求小股东签署担保文件。在律师团队如此坚持的情况下，交易双方最终还是同意将程序瑕疵更正补全。

四、结　语

当交易双方最终签署交易文件时，已经是最后期限当天的23 时。在杭州寒冷的冬夜，大家依然保持着昂扬的斗志。客户的经办人在工作群发言道：“时间如此紧迫的项目能够年前收官完成，离不开每一位领导同人的敬业与负责，值得骄傲与庆贺!”在我们没有加入项目前，交易双方曾经对项目能否如期完成并不抱有希望，甚至在沟通时言语间存在不少火药味。但是律师团队调动境外资源，不计成本，不计得失，以完成项目、促成双方合作的达成为宗旨。虽然团队成员之间也存在对法律意见的不同看法，也因为关注细节精益求精而在过程中被客户质疑，但我们最终凭着深厚的法律功底、专业的服务过程、敬业的服务精神，团结一致，顺利地完成了任务，得到了客户经办人员的高度评价，也因此获得了其他的业务机会。

办案启示

随着“一带一路”倡议的实施，我们意识到，将会有越来越多的浙江企业有机会走出去，在国际商业舞台上大展拳脚。金道律师凭借着国际视野和国际商业法律思维，有能力携手全球顶尖的律师事务所，有实力在严苛的条件下完成任务，能够为中国企业“走出去”保驾护航。我们真切地感受到跨境融资法律服务市场前景广阔，大有可为。我们将深耕跨境融资法律服务，形成法律服务产品，为更多的企业提供专业的国际法律服务。与此同时，我们也意识到中国一些跨国企业的公司治理水平还有待进一步提升，对此，我们要做好服务经验总结，持续深入开展对企业的培训，助力企业在合规管理上更加精细、更加国际化。

后记　律师专业文章写作之道

法律写作对于一名律师而言，是总结、思考、提升和分享，是同客户、法律职业共同体成员更加深入地交流和对话，是个人影响力、专业品牌的塑造。法律写作的水平可以通过训练习得，并可以在写作实践中逐渐获得提升，所以金道所一直将法律写作视为律师的一项重要能力。借助一年一度的金道所十大影响力案件（项目）评选活动，金道律师们不懈地坚持写作、展示优质文章，持续为社会各界输出专业的力量。在此，笔者谈几点写作心得，以飨读者。

一、律师写作的五重境界

第一重境界："白茫茫大地真干净"（出自曹雪芹《红楼梦》）。这层境界对应的是一种"空对空"的状态。因为彼时的律师尚无积累，未开始持续输入，脑中"真干净"，下笔便是"白茫茫"。缺乏知识，没有观点，鲜有见解，更遑论思想，所以律师不知什么可写，也写不出所以然来。

第二重境界："执手相看泪眼，竟无语凝噎"（出自柳永《雨霖铃·寒蝉凄切》）。这层境界用更形象的比喻就是"茶壶里煮饺子"。律师想要表达的内容很多，但就是倒不出来。腹中千言，下笔一行。不知如何整理思路、梳理逻辑、谋篇布局，不知如何举例、阐释、论述。

第三重境界："忽如一夜春风来，千树万树梨花开"（出自岑参《白雪歌送武判官归京》)。这层境界如同天女散花，律师保持输入，有了丰富的积累，有很强的表达欲，常表现为特别能写，洋洋洒洒，不计字数。一方面，这些律师在“自说自话”“自娱自乐”；另一方面，读者却看得云里雾里，理不出头绪。这是因为作者缺乏（甚至毫无）结构、体系意识。

第四重境界：“我本将心向明月，奈何明月照沟渠”（出自高明《琵琶记》)。这层境界的律师自以为在进行高雅的、规范的写作，其实思维和语言受到了无形的禁锢。虽然其笔下的每个字都是汉字，但整齐地摆放在一起后却让读者感到深深的“套路”。须知，写作是为了交流观点和思想，而这种写作对读者传达思想的功能大打折扣。

第五重境界：“素月分辉，明河共影，表里俱澄澈”（出自张孝祥《念奴娇·过洞庭》)。这是写作的最高境界。有如此写作能力的律师必然有大量的输入、丰富的积累，谙熟逻辑，善于驾驭体系，掌握纯熟的修辞手法。其产出的文字有命题，有观点，有论证，有层次，有体系，兼具实质美和形式美，读者在阅读时能享受到一种智识上的愉悦感和充实感。①

上述五层境界是律师写作的几个阶段，前四种在不同层面反映了律师的写作困难及问题。律师虽都想达到第五重境界，但这个目标的实现不是一蹴而就的，甚至凡达第五重境界，也许得先依次攀登前四层。这是因为律师个人的职业进步是循序渐进的，一般情况下，律师的执业经历、经验与写作广度、深度成正比。写作虽有方法可以习得，但持续、稳定地输出专业文章注定要有一个漫长的修炼过程。

二、律师写作的五个阶段和五种体裁

律师写作的基本路径是因时制宜，即律师在每个发展阶段写出能够代

① 参见赵宏：《法律人思维与写作》，中国法制出版社 2022 年版，第 212 ~ 213 页。

表该阶段实力的专业文章。依此路径，律师拾级而上，力争收获阶梯式的持续进步。为此，笔者分五个阶段提出律师写作的基本方法及相应的体裁。

第一个阶段：培养良好的写作习惯，寻觅一切的输入机会。

这个阶段的律师往往刚入行，资历较浅，不免陷入写作的第一重境界。年轻律师会想尝试（或被要求）去写一些文字，但因基本功欠扎实，不熟悉律师职业的语境，所以思维会受到较大的限制。

但年轻律师不必心急，一般需要1年左右才能练好写作的基本功，才能真正度过“白茫茫大地真干净”的阶段。在这一阶段，年轻律师要做的是培养自己良好的写作习惯：一要输入“纸面上的法律”，须不断巩固法律基础知识，谙熟法学基本理论，不懈地学习新法、新知；二要输入“行动中的法律”，须分外珍惜每一次的实践机会，要腿勤、嘴勤、脑勤，全身心地浸泡在每个实践的场域之中，学会寻找问题、请教问题、思考问题，争取解决问题，致力于将实践经历酝酿成实践经验；三要输入严谨的写作规范，如注释规范、标点使用规范；四要输入优秀范文的写作方法，要多收集、钻研、模仿优秀专业文章的谋篇布局、标题取法、案例用法等。

第二个阶段：运用基础知识和经验，用心输出法点和体悟。

工作1年后，律师对执业环境已有初步认识，并积累了一些实践经验。这个阶段的律师要有输出的意识，要开始动笔写作了。为避免出现第二重境界里“茶壶里煮饺子”的现象，笔者建议这个阶段的律师应按部就班地写作以下两类“点小意大”式体裁的文章。“点小”即文章的主题聚焦，不宜过大，克制自己不把“饺子”做得太大；“意大”即文章的立意要高，写得透彻，把“茶壶”尽可能地做大。

第一类是解构法点式文章。这类文章重在展现律师抽丝剥茧的分析和论证能力。每个办案环节（或节点）都由一个个法律“知识点”构成，具有敏锐观察力的律师以撰文的方式将办案中遇到的重要法律概念或者裁判规则归纳总结出来。

可以说，只要律师用心办案、尽心写作法律文书，形成这类文章其实不难。为此，笔者在日常办案时要求团队律师必须以发表解构法点式文章的标准去写作法律文书。如此既能保证律师本职工作的质量，又能在结案后便于将法律文书中的一个个知识点“改造”成为文章。在此要提醒的是，为使文章的笔力集中，写得深入、透彻，每篇解构法点式文章只能高度提炼和深度剖析一个具有浓郁“法味”的法律知识点，点不宜贪多，否则会杂糅，造成形散，乃至神散。当一个案例中存在多个值得探讨的知识点时，笔者建议，这些宝贵的思考过程和探索结果要以多篇文章的形式展现。

第二类是散文随笔式文章。律师在日常工作中会遇到各式各样的人，经历许多难忘的事，由此会形成非常个人化的体会和感悟，它们是关乎律师心迹和心灵的。这种文章虽然与法律知识和法学理论无直接关系，但是其为律师职业的馈赠，是律师行进在律途中所收获的经历财富，而且形成这种文章的灵感是转瞬即逝的，所以值得记录。律师工作 1 年后可以多输出这般文章，既可以作为一份份宝贵的个人记录，也可以以此向社会公众传递来自律师界的正能量。

第三个阶段：悉心办理每一起案件，用办案纪实体现水平。

工作 2 年后的律师已基本能上手办案，甚至一部分佼佼者已开始形成自己独特的办案风格。这个阶段的律师可以开始写作办案纪实式文章，通过写作展示自己对办案经历、经验、思考的总结，体现自己应有的专业水平。

办案纪实是一种兼具浓郁法味和文学气息的纪实性文章，因此最具有可读性，也是最容易让读者读懂案件的文章体例。笔者建议，律师们要在办案纪实中形象地展现案件的推进过程（可按时间顺序）和自己的办案思路，客观展示自己办案时各种顺与逆的经历，为读者呈现一个个立体、鲜活的案例，使其读起来“有血有肉”，不枯燥、不乏味。

通常情况下，办案纪实式文章与解构法点式文章可以是包含与被包含的关系，即前者包含了后者，后者被包含在前者之中。如果一个案件的办理过程既出彩，案件蕴含的法点又多，就能同时产出以上两种体裁的文章。因为律师在写作办案纪实时可以把解构法点融入办案纪实之中，写出来的办案纪实能反映出律师的论证功底，以此向社会公众（尤其是潜在客户）表明自己是一位精于办案、善于总结的专业律师，这无疑是一种有效的宣传手段。

第四个阶段：方法论写作超越水平，写作时树立产品思维。

具有5年以上执业经验的律师在这个阶段要克服写作第三层境界里“忽如一夜春风来，千树万树梨花开”的心理。案例写作的视角注定是微观的，就个案谈个案，顶多是针对具体的实践提供解决方案或进行评析。因为这类文章和书籍给予读者的启发点过小、过散，不成体系，读者充其量也就是大概了解这位律师解决个案的能力，借鉴一下个案办理中的一些亮点，深度的启示意义有限。若文章缺乏结构意识和体系意识，其可读性就会更差。

所以，这个阶段的律师要从具有“会写”的能力进阶至“写得好”的水平，以期获得更多读者的青睐。最直接、有效的方法就是将微观的视角提升至中观的视角，这既不局限于就案例讲案例，也不是抽象的理论设计和制度建议。

为此，笔者建议，第四个阶段的律师要多写方法论文章，多归纳、提炼办理诉讼案件、非诉讼项目和服务顾问单位的方法论。律师在写作方法论文章时应聚焦于服务思维和技术，重在凸显律师资料整合和经验锤炼的能力。这种中观写作既接地气、能解决问题，又脱离了具体问题的局限，对于沟通学术界与实务界亦很有意义。

笔者诚挚地希望律师在写作方法论文章的阶段就达到“素月分辉，明河共影，表里俱澄澈”的第五重写作境界。由此，律师写作方法论文章时，要以用户为导向，既要了解用户的需求，也要从用户需求的角度进行产品设计、加工和打磨，还要高度重视产品质量。应当相信，蕴含产品思维的方法论文章写得好，律师“走出去”授课的素材就会更丰富，法律服务产品的雏形就能搭建，展业也就会更顺利。

第五个阶段：发挥律师的职业优势，锻炼写作“作用类”论文。

笔者在多年写作中体会到，要解决写作第四重境界中的“禁锢”和“套路”问题，最有效的方法是提升律师的研究力。“研究力”包含两个纬度：第一个纬度指向过程和状态，即律师在写作时要保持“研究能力”，所研究的命题要具有问题意识和研究价值；第二个纬度指向结果，即律师的论证要具有“渗透力”，该渗透力要达到说理“入木三分”之效。律师以此为目标进行研究，并长期坚持，渐渐地可步入“素月分辉，明河共影，表里俱澄澈”的境界。

然而，律师只写作解构法点式文章和办案纪实式文章恐不能达到上述目标，甚至会陷入“低水平重复”的状态。笔者在上文提到，希望律师写作的方法论文章能达到第五重境界，是因为方法论文章是律师写作的最佳体裁。但方法论文章若要写得好，要求律师具备一定的研究力。锻炼律师研究力的文章体裁只有一种——论文，即本文介绍的律师第五种写作体裁。

写论文是做研究的一种重要形式，研究的核心使命是从事知识的生产，从而创造新知。论文的基本特征是有命题，有创见，并予以论证，结论没有标准答案，讲求自圆其说。可以说，论文写作是锻炼思维的绝佳方式。市面上关于指导论文写作的书籍有很多，律师研读若干精品书籍，一定可以掌握论文写作的基本方法。

需要指出，面向现实法律问题的论文其实就是加强版的法律研究报告、特定格式的法律备忘录，其实质功能是一致的。一名优秀的律师应当掌握撰写论文的技能。律师能写好论文，也就意味着具有解决复杂法律问题的能力。这就是为什么律师虽然不是专职研究人士，但依然需要锻炼论文写作能力的原因。

三、两点感悟

第一，提高格局，深度分享。也许有人会有顾虑，写作的度不好把握。写得浅了，没有干货；写得深了，把自己的看家本领都亮出来，给别人学会了，岂不是自摔饭碗吗？其实，与其握紧手想抓住，不如打开心胸，律师同行都无私地分享自己的经验、心得，这个行业的水平就会越来越高。如此，每位律师个体都在一个专业水平不断提升的行业中，就会不断进步和发展，获得越来越多的归属感和荣誉感。相信有这样心态的律师，不但不会失去竞争优势，反而会获得更多肯定性的评价。

第二，写作能力是助推律师事业起飞的火箭燃料。一个人思想成熟的标志之一，就是能写出清晰连贯、逻辑通畅、言之有物的文章。[①] 律师如果有意识地对日常的实践经验加以归纳，这个过程既是对自己经历的梳理，也是对自己能力的总结，更是知识管理。这个过程是律师业务精进、行业交流、自我塑造、形象宣传、形成独特的个性品牌的一个重要步骤。从某种意义上讲，律师无疑是文字工作者，应不懈锻炼自己的写作能力，逐步提高自己职业生涯的竞争力。

在此，我们非常感谢法律出版社连续多年为金道律师提供出版平台，愿广大律师同人们都能坚信写作的力量！

赵青航

2022年7月1日

---

① 参见刘军强：《写作是门手艺》，广西师范大学出版社2020年版，第8页。